O Primeiro Livro de Moisés, chamado

Gênesis

8.ª EDIÇÃO

Cleuza M. Veneziani Costa

O Primeiro Livro de Moisés, chamado

Gênesis

8.ª EDIÇÃO

MADRAS

© Copyright 1998, by Wagner Veneziani Costa

Supervisão Editorial e Coordenação Geral:
Wagner Veneziani Costa

Produção e Capa:
Equipe Técnica Madras

Ilustração Capa:
Mario Diniz

Revisão:
Ana Lúcia Sesso
Luiz Roberto S. Malta

ISBN 85-7374-072-8

Proibida a reprodução total ou parcial desta obra, de qualquer forma ou meio eletrônico, mecânico, inclusive através de processos xerográficos, sem permissão expressa do editor (Lei n.º 5.988, de 14.12.73).

Todos os direitos reservados desta edição pela

MADRAS EDITORA LTDA.
Rua Paulo Gonçalves, 88 — Santana
02403-020 — São Paulo — SP
Caixa Postal 12299 — 02098-970 — SP
Tel.: (011) 6959.1127 — Fax: (011) 6959.3090
http://www.madras.com.br

Apresentação

Nunca se leu tanto a Bíblia como em nossos dias. É um fenômeno curioso, que pode ser analisado sob diversos aspectos: o aspecto religioso propriamente dito, o sociológico e o do momento histórico que estamos vivendo.

Não é nossa pretensão, nestas poucas linhas de apresentação da edição que a Madras oportunamente faz do livro inicial da Bíblia, abordar a questão em seus diferentes aspectos. Com muito mais conhecimento de causa, com mais espaço, numerosos historiadores, de diferentes correntes cristãs (e até não vinculados ao cristianismo) têm abordado o assunto. Cabe-nos apenas frisar que a enorme aceitação que a Bíblia – que sempre foi o livro mais vendido, em todos os tempos – continua tendo, como um todo, de certa forma ofuscou, eclipsou um estudo mais detalhado, mais "carinhoso" diríamos até, de certos livros, de certas partes do Livro dos Livros, isto é, da Bíblia, da palavra de Deus, divinamente inspirada.

O que queremos dizer é que neste final de século 20 há muita ênfase no estudo, aprofundamento, interpretação e aplicação dos Evangelhos, do Apocalipse e de certas partes do Antigo Testamento, em detrimento de livros bíblicos de sublime beleza, de leitura sempre gratificante e oportuna. Talvez os textos bíblicos mais injustiçados atualmente sejam o livro do Gênesis e os profetas – maiores e menores.

Até certo ponto esta omissão, ou desconsideração se explica. É preciso ter uma razoável noção do mundo bíblico, da civilização do Oriente Médio, dos costumes e crenças do povo de então, para entender o Gênesis (e os profetas).

Assim, ao ler – com amor e buscando entender – este livro inicial da Bíblia, o leitor não pode olvidar que não se tem aqui uma exposição histórica ou científica tal como hoje se faz. Mas nem tudo é simbólico: o relacionamento entre Deus e os homens, entre os homens propriamente ditos, questões de fidelidade, de acertos de contas, de luta pela implantação do gênero humano num ambiente hostil, de submissão da natureza, das plantas e dos animais para que o gênero humano crescesse e se fortalecesse – tudo isto e muito mais está no Gênesis. Como disse alguém, "Esta árdua condição marcou o gênero humano desde as suas origens". Fundamental é a presença do pecado, do erro, a perturbar a convivência dos homens com seu Criador e a paz das pessoas entre si. Com tudo que mudou na mentalidade ao longo dos séculos, com toda a busca desenfreada da liberdade a qualquer preço, as lições que aprendemos e colhemos no Gênesis são de validade perene. São lições de grandeza e de onipotência divinas; lições a nos mostrarem nossa filiação divina (a maior de nossas certezas!); lições de crescimento no mundo e para o mundo.

Gênesis é isso: começo de uma longa caminhada. Começo de uma amizade com Deus. São lições de amizade e amor que nos acompanham ao longo de toda a nossa jornada terrestre.

Leia e saboreie o Livro do Gênesis: por mais que você, leitor, esteja por dentro, como se diz, do que a ciência hoje diz sobre a origem e evolução do Universo, do homem, por mais que interpretações fundamentalistas ou deturpadas lancem sombras na convivência dos que lêem a Bíblia e nela crêem, leia. Releia. Tenha sempre ao seu alcance – nesta prática edição – o texto inicial de tudo.

O Editor

Gênesis

Criação do Céu e da Terra e de tudo que neles há

1 No princípio criou Deus o céu e a terra.
2 A terra, porém, era sem forma e vazia; havia trevas sobre a face do abismo, e o Espírito de Deus pairava por sobre as águas.
3 Disse Deus: Haja luz; e houve luz.
4 E viu Deus que a luz era boa; e fez separação entre a luz e as trevas.
5 Chamou Deus à luz Dia, e às trevas, Noite. Houve tarde e manhã, o primeiro dia.
6 E disse Deus: Haja firmamento no meio das águas, e separação entre águas e águas.
7 Fez, pois, Deus o firmamento, e separação entre as águas debaixo do firmamento e as águas sobre o firmamento. E assim se fez.
8 E chamou Deus ao firmamento Céus. Houve tarde e manhã, o segundo dia.
9 Disse também Deus: Ajuntem-se as águas debaixo dos céus num só lugar, e apareça a porção seca. E assim se fez.

10 À porção seca chamou Deus Terra, e ao ajuntamento das águas, Mares. E viu Deus que isso era bom.
11 E disse: Produza a terra relva, ervas que dêem semente, e árvores frutíferas que dêem fruto segundo a sua espécie, cuja semente esteja nele, sobre a terra. E assim se fez.
12 A terra, pois, produziu relva, ervas que davam semente segundo a sua espécie, e árvores que davam fruto, cuja semente estava nele, conforme a sua espécie. E viu Deus que isso era bom.
13 Houve tarde e manhã, o terceiro dia.
14 Disse também Deus: Haja luzeiros no firmamento dos céus, para fazerem separação entre o dia e a noite; e sejam eles para sinais, para estações, para dias e anos.
15 E sejam para luzeiros no firmamento dos céus, para alumiar a terra. E assim se fez.
16 Fez Deus os dois grandes luzeiros: o maior para governar o dia, e o menor para governar a noite; e fez também as estrelas.

17 E os colocou no firmamento dos céus para alumiarem a terra,

18 para governarem o dia e a noite, e fazerem separação entre a luz e as trevas. E viu Deus que isso era bom.

19 Houve tarde e manhã, o quarto dia.

20 Disse também Deus: Povoem-se as águas de enxames de seres viventes; e voem as aves sobre a terra, sob o firmamento dos céus.

21 Criou, pois, Deus os grandes animais marinhos e todos os seres viventes que rastejam, os quais povoam as águas, segundo as suas espécies; e todas as aves, segundo as suas espécies. E viu Deus que isso era bom.

22 E Deus os abençoou, dizendo: Sede fecundos, multiplicai-vos e enchei as águas dos mares; e, na terra, se multipliquem as aves.

23 Houve tarde e manhã, o quinto dia.

24 Disse também Deus: Produza a terra seres viventes, conforme a sua espécie: animais domésticos, répteis e animais selváticos, segundo a sua espécie. E assim se fez.

25 E fez Deus os animais selváticos, segundo a sua espécie, e os animais domésticos, conforme a sua espécie, e todos os répteis da terra, conforme a sua espécie. E viu Deus que isso era bom.
26 Também disse Deus: Façamos o homem à nossa imagem, conforme a nossa semelhança; tenha ele domínio sobre os peixes do mar, sobre as aves dos céus, sobre os animais domésticos, sobre toda a terra e sobre todos os répteis que rastejam pela terra.
27 Criou Deus, pois, o homem à sua imagem, à imagem de Deus o criou; homem e mulher os criou.
28 E Deus os abençoou, e lhes disse: Sede fecundos, multiplicai-vos, enchei a terra e sujeitai-a; dominai sobre os peixes do mar, sobre as aves dos céus, e sobre todo animal que rasteja pela terra.
29 E disse Deus ainda: Eis que vos tenho dado todas as ervas que dão semente e se acham na superfície de toda a terra, e todas as árvores em que há fruto que dê semente; isso vos será para mantimento.

30 E a todos os animais da terra e a todas as aves dos céus e a todos os répteis da terra, em que há fôlego de vida, toda erva verde lhes será para mantimento. E assim se fez.
31 Viu Deus tudo quanto fizera, e eis que era muito bom. Houve tarde e manhã, o sexto dia.

2 Assim, pois, foram acabados os céus e a terra, e todo o seu exército.
2 E havendo Deus terminado no dia sétimo a sua obra, que fizera, descansou nesse dia de toda a sua obra que tinha feito.
3 E abençoou Deus o dia sétimo, e o santificou; porque nele descansou de toda a obra que, como Criador, fizera.

A formação do homem

4 Esta é a gênese dos céus e da terra quando foram criados, quando o Senhor Deus os criou.

5 Não havia ainda nenhuma planta do campo na terra, pois ainda nenhuma erva do campo havia brotado; porque o Senhor Deus não fizera chover sobre a terra, e também não havia homem para lavrar o solo.

6 Mas uma neblina subia da terra e regava toda a superfície do solo.

7 Então formou o Senhor Deus ao homem do pó da terra, e lhe soprou nas narinas o fôlego de vida, e o homem passou a ser alma vivente.

8 E plantou o Senhor Deus um jardim no Éden, da banda do Oriente, e pôs nele o homem que havia formado.

9 Do solo fez o Senhor Deus brotar toda sorte de árvores agradável à vista e boa para alimento; e também a árvore da vida no meio do jardim, e a árvore do conhecimento do bem e do mal.

10 E saía um rio do Éden para regar o jardim, e dali se dividia, repartindo-se em quatro braços.

11 O primeiro chama-se Pisom; é o que rodeia a terra de Havilá, onde há ouro.

12 O ouro dessa terra é bom; também se encontram lá o bdélio e a pedra de ônix.

13 O segundo rio chama-se Giom; é o que circunda a terra de Cuxe.

14 O nome do terceiro rio é Tigre: é o que corre pelo oriente da Assíria. E o quarto é o Eufrates.

15 Tomou, pois, o Senhor Deus ao homem e colocou no jardim do Éden para o cultivar e guardar.

16 E lhe deu esta ordem: De toda árvore do jardim comerás livremente.

17 Mas da árvore do conhecimento do bem e do mal não comerás; porque no dia em que dela comeres, certamente morrerás.

A formação da mulher

18 Disse mais o Senhor Deus: Não é bom que o homem esteja só: far-lhe-ei uma auxiliadora que lhe seja idônea.

19 Havendo, pois, o Senhor Deus formado da terra todos os animais do campo, e todas as aves dos céus, trouxe-os ao homem, para ver como este lhes chamaria; e o nome que o homem desse a todos os seres viventes, esse seria o nome deles.
20 Deu nome o homem a todos os animais domésticos, às aves dos céus, e a todos os animais selváticos; para o homem, todavia, não se achava uma auxiliadora que lhe fosse idônea.
21 Então o Senhor Deus fez cair pesado sono sobre o homem, e este adormeceu: tomou uma das suas costelas, e fechou o lugar com carne.
22 E a costela que o Senhor Deus tomara ao homem transformou-a numa mulher, e lha trouxe.
23 E disse o homem: Esta, afinal, é osso dos meus ossos e carne da minha carne; chamar-se-á varoa, porquanto do varão foi tomada.

24 Por isso deixa o homem pai e mãe, e se une à sua mulher, tornando-se os dois uma só carne.
25 Ora, um e outro, o homem e sua mulher, estavam nus, e não se envergonhavam.

A queda do homem

3 Mas a serpente, mais sagaz que todos os animais selváticos que o Senhor Deus tinha feito, disse à mulher: É assim que Deus disse: Não comereis de toda árvore do jardim?
2 Respondeu-lhe a mulher: Do fruto das árvores do jardim podemos comer.
3 Mas do fruto da árvore que está no meio do jardim disse Deus: Dele não comereis, nem tocareis nele, para que não morrais.
4 Então a serpente disse à mulher: É certo que não morrereis.
5 Porque Deus sabe que no dia em que dele comerdes se vos abrirão os olhos e, como Deus, sereis conhecedores do bem e do mal.

6 Vendo a mulher que a árvore era boa para se comer, agradável aos olhos, e árvore desejável para dar entendimento, tomou-lhe do fruto e comeu, e deu também ao marido, e ele comeu.

7 Abriram-se, então, os olhos de ambos; e, percebendo que estavam nus, coseram folhas de figueira, e fizeram cintas para si.

8 Quando ouviram a voz do Senhor Deus, que andava no jardim pela viração do dia, esconderam-se da presença do Senhor Deus, o homem e sua mulher, por entre as árvores do jardim.

9 E chamou o Senhor Deus ao homem, e lhe perguntou: Onde estás?

10 Ele respondeu: Ouvi a tua voz no jardim, e, porque estava nu, tive medo e me escondi.

11 Perguntou-lhe Deus: Quem te fez saber que estavas nu? Comeste da árvore de que te ordenei que não comesses?

12 Então disse o homem: A mulher que me deste por esposa, ela me deu da árvore, e eu comi.

13 Disse o Senhor Deus à mulher: Que é isso que fizeste? Respondeu a mulher: A serpente me enganou, e eu comi.

14 Então o Senhor Deus disse à serpente: Visto que isso fizeste, maldita és entre todos os animais domésticos, e o és entre todos os animais selváticos: rastejarás sobre o teu ventre, e comerás pó todos os dias da tua vida.

15 Porei inimizade entre ti e a mulher, entre a tua descendência e o seu descendente. Este te ferirá a cabeça, e tu lhe ferirás o calcanhar.

16 E à mulher disse: Multiplicarei sobremodo os sofrimentos da tua gravidez; em meio de dores darás à luz filhos; o teu desejo será para o teu marido, e ele te governará.

17 E a Adão disse: Visto que atendeste a voz de tua mulher, e comeste da árvore que eu te ordenara não comesses: maldita é a terra por tua causa: em fadigas obterás dela o sustento durante os dias de tua vida.

18 Ela produzirá também cardos e abrolhos, e tu comerás a erva do campo.
19 No suor do rosto comerás o teu pão, até que tornes à terra, pois dela foste formado: porque tu és pó e ao pó tornarás.
20 E deu o homem o nome de Eva a sua mulher, por ser a mãe de todos os seres humanos.
21 Fez o Senhor Deus vestimenta de peles para Adão e sua mulher, e os vestiu.
22 Então disse o Senhor Deus: Eis que o homem se tornou como um de nós, conhecedor do bem e do mal; assim, para que não estenda a mão, e tome também da árvore da vida, e coma, e viva eternamente.
23 O Senhor Deus, por isso, o lançou fora do jardim do Éden, a fim de lavrar a terra de que fora tomado.
24 E, expulso o homem, colocou querubins ao oriente do jardim do Éden e o refulgir de uma espada que se revolvia, para guardar o caminho da árvore da vida.

Abel e Caim

4 Coabitou o homem com Eva, sua mulher. Esta concebeu e deu à luz a Caim; então disse: Adquiri um varão com o auxílio do Senhor.

2 Depois deu à luz a Abel, seu irmão. Abel foi pastor de ovelhas, e Caim, lavrador.

3 Aconteceu que no fim de uns tempos trouxe Caim do fruto da terra uma oferta ao Senhor.

4 Abel, por sua vez, trouxe das primícias do seu rebanho, e da gordura deste. Agradou-se o Senhor de Abel e de sua oferta,

5 ao passo que de Caim e de sua oferta não se agradou. Irou-se, pois, sobremaneira Caim, e descaiu-lhe o semblante.

6 Então lhe disse o Senhor: Por que andas irado? E por que descaiu o teu semblante?

7 Se procederes bem, não é certo que serás aceito? Se, todavia, procederes mal, eis que o pecado jaz à porta; o seu desejo será contra ti, mas a ti cumpre dominá-lo.

O primeiro homicídio

8 Disse Caim a Abel, seu irmão: Vamos ao campo. Estando eles no campo, sucedeu que se levantou Caim contra Abel, seu irmão, e o matou.

9 Disse o Senhor a Caim: Onde está Abel, teu irmão? Ele respondeu: Não sei: acaso sou eu tutor de meu irmão?

10 E disse Deus: Que fizeste? A voz do sangue de teu irmão clama da terra a mim.

11 És·agora, pois, maldito por sobre a terra cuja boca se abriu para receber de tuas mãos o sangue de teu irmão.

12 Quando lavrares o solo não te dará ele a sua força; serás fugitivo e errante pela terra.

13 Então disse Caim ao Senhor: É tamanho o meu castigo, que já não posso suportá-lo.

14 Eis que hoje me lanças da face da terra, e da tua presença hei de esconder-me; serei fugitivo e errante pela terra: quem comigo se encontrar me matará.

15 O Senhor, porém, lhe disse: Assim qualquer que matar a Caim será vingado sete vezes. E pôs o Senhor um sinal em Caim para que o não ferisse de morte quem quer que o encontrasse.
16 Retirou-se Caim da presença do Senhor, e habitou na terra de Node, ao oriente do Éden.

Descendentes de Caim

17 E coabitou Caim com sua mulher; ela concebeu e deu à luz a Enoque. Caim edificou uma cidade e lhe chamou Enoque, o nome de seu filho.
18 A Enoque nasceu-lhe Irade; Irade gerou Meujael, Meujael a Metusael, e Metusael a Lameque.
19 Lameque tomou para si duas esposas: o nome de uma era Ada, a outra se chamava Zilá.

20 Ada deu à luz a Jabal: este foi o pai dos que habitam em tendas e possuem gado.
21 O nome de seu irmão era Jubal: este foi o pai de todos os que tocam harpa e flauta.
22 Zilá, por sua vez, deu à luz a Tubalcaim, artífice de todo instrumento cortante, de bronze e de ferro; a irmã de Tubalcaim foi Naamá.
23 E disse Lameque às suas esposas: Ada e Zilá, ouvi-me; vós, mulheres de Lameque, escutai o que passo a dizer-vos: Matei um homem porque ele me feriu: e um rapaz porque me pisou.
24 Sete vezes se tomará vingança de Caim; de Lameque, porém, setenta vezes sete.
25 Tornou Adão a coabitar com sua mulher; e ela deu à luz um filho, a quem pôs o nome de Sete; porque, disse ela, Deus me concedeu outro descendente em lugar de Abel, que Caim matou.
26 A Sete nasceu-lhe também um filho, ao qual pôs o nome de Enos: daí se começou a invocar o nome do Senhor.

Descendentes de Adão

5 Este é o livro da genealogia de Adão. No dia em que Deus criou o homem, à semelhança de Deus o fez;

2 homem e mulher os criou, e os abençoou, e lhes chamou pelo nome de Adão, no dia em que foram criados.

3 Viveu Adão cento e trinta anos, e gerou um filho à sua semelhança, conforme a sua imagem, e lhe chamou Sete.

4 Depois que gerou a Sete, viveu Adão oitocentos anos; e teve filhos e filhas.

5 Os dias todos da vida de Adão foram novecentos e trinta anos; e morreu.

6 Sete viveu cento e cinco anos, e gerou a Enos.

7 Depois que gerou a Enos, viveu Sete oitocentos e sete anos; e teve filhos e filhas.

8 Todos os dias de Sete foram novecentos e doze anos; e morreu.

9 Enos viveu noventa anos, e gerou a Cainã.

10 Depois que gerou a Cainã, viveu Enos oitocentos e quinze anos; e teve filhos e filhas.

11 Todos os dias de Enos foram novecentos e cinco anos; e morreu.

12 Cainã viveu setenta anos e gerou a Maalaleel.

13 Depois que gerou a Maalaleel, viveu Cainã oitocentos e quarenta anos; e teve filhos e filhas.

14 Todos os dias de Cainã foram novecentos e dez anos; e morreu.

15 Maalaleel viveu sessenta e cinco anos, e gerou a Jerede.

16 Depois que gerou a Jerede, viveu Maalaleel oitocentos e trinta anos; e teve filhos e filhas.

17 Todos os dias de Maalaleel foram oitocentos e noventa e cinco anos; e morreu.

18 Jerede viveu cento e sessenta e dois anos, e gerou a Enoque.

19 Depois que gerou a Enoque, viveu Jerede oitocentos anos; teve filhos e filhas.

20 Todos os dias de Jerede foram novecentos e sessenta e dois anos; e morreu.

21 Enoque viveu sessenta e cinco anos, e gerou a Metusalém.

22 Andou Enoque com Deus; e, depois que gerou a Metusalém, viveu trezentos anos; e teve filhos e filhas.

23 Todos os dias de Enoque foram trezentos e sessenta e cinco anos.

24 Andou Enoque com Deus, e já não era, porque Deus o tomou para si.

25 Metusalém viveu cento e oitenta e sete anos, e gerou a Lameque.

26 Depois que gerou a Lameque, viveu Metusalém setecentos e oitenta e dois anos; e teve filhos e filhas.

27 Todos os dias de Metusalém fóram novecentos e sessenta e nove anos; e morreu.

28 Lameque viveu cento e oitenta e dois anos, e gerou um filho;

29 pôs-lhe o nome de Noé, dizendo: Este nos consolará dos nossos trabalhos, e das

fadigas de nossas mãos, nesta terra que o Senhor amaldiçoou.
30 Depois que gerou a Noé, viveu Lameque quinhentos e noventa e cinco anos; e teve filhos e filhas.
31 Todos os dias de Lameque foram setecentos e setenta e sete anos; e morreu.
32 Era Noé da idade de quinhentos anos, e gerou a Sem, Cão e Jafé.

A corrupção do gênero humano

6 Como se foram multiplicando os homens na terra, e lhes nasceram filhas,
2 vendo os filhos de Deus que as filhas dos homens eram formosas, tomaram para si mulheres, as que, entre todas, mais lhe agradaram.
3 Então disse o Senhor: O meu Espírito não agirá para sempre no homem, pois este é carnal; e os seus dias serão cento e vinte anos.

4 Ora naquele tempo havia gigantes na terra; e também depois, quando os filhos de Deus possuíram as filhas dos homens, os quais lhes deram filhos; estes foram valentes, varões de renome, na antiguidade.
5 Viu o Senhor que a maldade do homem se havia multiplicado na terra, e que era continuamente mau todo desígnio do seu coração;
6 então se arrependeu o Senhor de ter feito o homem na terra, e isso lhe pesou no coração.
7 Disse o Senhor: Farei desaparecer da face da terra o homem que criei, o homem e o animal, os répteis, e as aves dos céus; porque me arrependo de os haver feito.
8 Porém Noé achou graça diante do Senhor.
9 Eis a história de Noé: Noé era homem justo e íntegro entre os seus contemporâneos; Noé andava com Deus.
10 Gerou três filhos: Sem, Cão e Jafé.

Deus anuncia o dilúvio

11 A terra estava corrompida à vista de Deus, e cheia de violência.

12 Viu Deus a terra, e eis que estava corrompida; porque todo ser vivente havia corrompido o seu caminho na terra.

13 Então disse Deus a Noé: Resolvi dar cabo de toda carne, porque a terra está cheia da violência dos homens: eis que os farei perecer juntamente com a terra.

14 Faze uma arca de tábuas de cipreste; nela farás compartimentos, e a calafetarás com betume por dentro e por fora.

15 Deste modo a farás: de trezentos côvados será o comprimento, de cinqüenta a largura, e a altura de trinta.

16 Farás ao seu redor uma abertura de um côvado de alto; a porta da arca colocarás lateralmente; farás pavimentos na arca: um em baixo, um segundo e um terceiro.

17 Porque estou para derramar águas em dilúvio sobre a terra para consumir toda carne em que há fôlego de vida debaixo dos céus: tudo o que há na terra perecerá.

18 Contigo, porém, estabelecerei a minha aliança; entrarás na arca, tu e teus filhos, e tua mulher, e as mulheres de teus filhos.

19 De tudo o que vive, de toda carne, dois de cada espécie, macho e fêmea, farás entrar na arca, para os conservares vivos contigo.

20 Das aves segundo as suas espécies, do gado segundo as suas espécies, de todo réptil da terra segundo as suas espécies, dois de cada espécie virão a ti, para os conservares em vida.

21 Leva contigo de tudo o que se come, ajunta-o contigo; ser-te-á para alimento, a ti e a eles.

22 Assim fez Noé, consoante a tudo o que Deus lhe ordenara.

Noé e sua família entram na arca

7 Disse o Senhor a Noé: Entra na arca, tu e toda a tua casa, porque reconheço que tens sido justo diante de mim no meio desta geração.

2 De todo animal limpo levarás contigo sete pares: o macho e sua fêmea; mas dos animais imundos, um par: o macho e sua fêmea.

3 Também das aves dos céus sete pares: macho e fêmea; para se conservar a semente sobre a face da terra.

4 Porque, daqui a sete dias, farei chover sobre a terra quarenta dias e quarenta noites; e da superfície da terra exterminarei todos os seres que fiz.

5 E tudo fez Noé, segundo o Senhor lhe ordenara.

6 Tinha Noé seiscentos anos de idade, quando as águas do dilúvio inundaram a terra.

7 Por causa das águas do dilúvio, entrou Noé na arca, ele com seus filhos, sua mulher e as mulheres de seus filhos.

8 Dos animais limpos, e dos animais imundos, e das aves, e de todo réptil sobre a terra,

9 entraram para Noé, na arca, de dois em dois, macho e fêmea, como Deus lhe ordenara.

10 E aconteceu que, depois de sete dias, vieram sobre a terra as águas do dilúvio.
11 No ano seiscentos da vida de Noé, aos dezessete dias do segundo mês, nesse dia romperam-se todas as fontes do grande abismo, e as comportas dos céus se abriram.
12 E houve copiosa chuva sobre a terra durante quarenta dias e quarenta noites.
13 Nesse mesmo dia entraram na arca Noé, seus filhos Sem, Cão e Jafé, sua mulher e as mulheres de seus filhos;
14 eles, e todos os animais segundo as suas espécies, todo gado segundo as suas espécies, todos os répteis que rastejam sobre a terra segundo as suas espécies, todas as aves segundo as suas espécies, todos os pássaros, e tudo o que tem asa.
15 De toda carne, em que havia fôlego de vida, entraram de dois em dois para Noé na arca;
16 eram macho e fêmea os que entraram de toda carne, como Deus lhe havia ordenado; e o Senhor fechou a porta após ele.

O dilúvio

17 Durou o dilúvio quarenta dias sobre a terra: cresceram as águas e levantaram a arca de sobre a terra.
18 Predominaram as águas, e cresceram sobremodo na terra; a arca, porém, vagava sobre as águas.
19 Prevaleceram as águas excessivamente sobre a terra, e cobriram todos os altos montes que havia debaixo do céu.
20 Quinze côvados acima deles prevaleceram as águas; e os montes foram cobertos.
21 Pereceu toda carne que se movia sobre a terra, tanto de ave como de animais domésticos e animais selváticos, e de todos os enxames de criaturas que povoam a terra, e todo homem.
22 Tudo o que tinha fôlego de vida em suas narinas, tudo o que havia em terra seca, morreu.
23 Assim foram exterminados todos os seres que havia sobre a face da terra, o homem e

o animal, os répteis e as aves dos céus foram extintos da terra; ficou somente Noé, e os que com ele estavam na arca.

24 E as águas durante cento e cinqüenta dias predominaram sobre a terra.

Diminuem as águas do dilúvio

8 Lembrou-se Deus de Noé, e de todos os animais selváticos e de todos os animais domésticos que com ele estavam na arca: Deus fez soprar um vento sobre a terra e baixaram as águas.

2 Fecharam-se as fontes do abismo e também as comportas dos céus, e a copiosa chuva dos céus se deteve.

3 As águas iam-se escoando continuamente de sobre a terra, e minguaram ao cabo de cento e cinqüenta dias.

4 No dia dezessete do sétimo mês, a arca repousou sobre as montanhas de Ararat.

5 E as águas foram minguando até ao décimo mês, em cujo primeiro dia apareceram os cumes dos montes.

Noé solta um corvo e depois uma pomba

6 Ao cabo de quarenta dias, abriu Noé a janela que fizera na arca,
7 e soltou um corvo, o qual, tendo saído, ia e voltava, até que se secaram as águas sobre a terra.
8 Depois soltou uma pomba para ver se as águas teriam já minguado da superfície da terra;
9 mas a pomba, não achando onde pousar o pé, tornou a ele para a arca; porque as águas cobriam ainda a terra. Noé, estendendo a mão, tomou-a e a recolheu consigo na arca.
10 Esperou ainda outros sete dias, e de novo soltou a pomba fora da arca.

11 À tarde ela voltou a ele; trazia no bico uma folha nova de oliveira; assim entendeu Noé que as águas tinham minguado sobre a terra.

12 Então esperou ainda mais sete dias, e soltou a pomba; ela, porém, já não tornou a ele.

Noé e sua família saem da arca

13 Sucedeu que, no primeiro dia do primeiro mês, do ano seiscentos e um, as águas se secaram sobre a terra. Então Noé removeu a cobertura da arca, e olhou, e eis que o solo estava enxuto.

14 E aos vinte e sete dias do segundo mês, a terra estava seca.

15 Então disse Deus a Noé:

16 Sai da arca e, contigo, tua mulher, e teus filhos, e as mulheres de teus filhos.

17 Os animais que estão contigo, de toda carne, assim aves, como gado, e todo réptil que rasteja sobre a terra, faze sair a todos,

para que povoem a terra, sejam fecundos e nela se multipliquem.
18 Saiu, pois, Noé, com seus filhos, sua mulher, e as mulheres de seus filhos.
19 E também saíram da arca todos os animais, todos os répteis, todas as aves, e tudo o que se move sobre a terra, segundo as suas famílias.

Noé levanta um altar

20 Levantou Noé um altar ao Senhor e, tomando de animais limpos e de aves limpas, ofereceu holocaustos sobre o altar.
21 E o Senhor aspirou o suave cheiro, e disse consigo mesmo: Não tornarei a amaldiçoar a terra por causa do homem, porque é mau o desígnio íntimo do homem desde a sua mocidade; nem tornarei a ferir todo vivente, como fiz.
22 Enquanto durar a terra não deixará de haver sementeira e ceifa, frio e calor, verão e inverno, dia e noite.

A aliança de Deus com Noé

9 Abençoou Deus a Noé e a seus filhos, e lhes disse: Sede fecundos, multiplicai-vos e enchei a terra.

2 Pavor e medo de vós virão sobre todos os animais da terra, e sobre todas as aves dos céus; tudo o que se move sobre a terra, e todos os peixes do mar, nas vossas mãos serão entregues.

3 Tudo o que se move, e vive, ser-vos-á para alimento; como vos dei a erva verde, tudo vos dou agora.

4 Carne, porém, com sua vida, isto é, com seu sangue, não comereis.

5 Certamente requererei o vosso sangue, o sangue da vossa vida; de todo animal o requererei, como também da mão do homem, sim, da mão do próximo de cada um requererei a vida do homem.

6 Se alguém derramar o sangue do homem, pelo homem se derramará o seu; porque Deus fez o homem segundo a sua imagem.

7 Mas sede fecundos, e multiplicai-vos; povoai a terra, e multiplicai-vos nela.
8 Disse também Deus a Noé e a seus filhos:
9 Eis que estabeleço a minha aliança convosco e com a vossa descendência.
10 E com todos os seres viventes que estão convosco: assim as aves, os animais domésticos e os animais selváticos que saíram da arca, como todos os animais da terra.
11 Estabeleço a minha aliança convosco: não será mais destruída toda carne por águas de dilúvio, nem mais haverá dilúvio para destruir a terra.
12 Disse Deus: Este é o sinal da minha aliança que faço entre mim e vós, e entre todos os seres viventes que estão convosco, para perpétuas gerações.
13 Porei nas nuvens o meu arco; será por sinal da aliança entre mim e a terra.
14 Sucederá que, quando eu trouxer nuvens sobre a terra, e nelas aparecer o arco,
15 Então me lembrarei da minha aliança, firmada entre mim e vós e todos os seres

viventes de toda carne; e as águas não mais se tornarão em dilúvio para destruir toda carne.
16 O arco estará nas nuvens; vê-lo-ei e me lembrarei da aliança eterna entre Deus e todos os seres viventes de toda carne que há sobre a terra.
17 Disse Deus a Noé: Este é o sinal da aliança estabelecida entre mim e toda carne sobre a terra.
18 Os filhos de Noé, que saíram da arca, foram Sem, Cão e Jafé; Cão é o pai de Canaã.
19 São eles os três filhos de Noé; e deles se povoou toda a terra.

Noé pronuncia bênção e maldição

20 Sendo Noé lavrador, passou a plantar uma vinha.
21 Bebendo do vinho, embriagou-se, e se pôs nu dentro de sua tenda.
22 Cão, pai de Canaã, vendo a nudez do pai, fê-lo saber, fora, a seus dois irmãos.

23 Então Sem e Jafé tomaram uma capa, puseram-na sobre os próprios ombros de ambos e, andando de costas, rostos desviados, cobriram a nudez do pai, sem que a vissem.
24 Despertando Noé do seu vinho, soube o que lhe fizera o filho mais moço,
25 E disse: Maldito seja Canaã; seja servo dos servos a seus irmãos.
26 E ajuntou: Bendito seja o Senhor, Deus de Sem; e Canaã lhe seja servo.
27 Engrandeça Deus a Jafé, e habite ele nas tendas de Sem; e Canaã lhe seja servo.
28 Noé, passado o dilúvio, viveu ainda trezentos e cinqüenta anos.
29 Todos os dias de Noé foram novecentos e cinqüenta anos; e morreu.

Descendentes dos filhos de Noé

10 São estas as gerações dos filhos de Noé: Sem, Cão e Jafé; e nasceram-lhes filhos depois do dilúvio.

2 Os filhos de Jafé são: Gômer, Magogue, Madai, Javã, Tubal, Meseque e Tiras.

3 Os filhos de Gômer são: Asquenaz, Rifá e Togarma.

4 Os de Javã são: Elisá, Társis, Quitim e Dodanim.

5 Estes repartiram entre si as ilhas das nações nas suas terras, cada qual segundo a sua língua, segundo as suas famílias, em suas nações.

6 Os filhos de Cão: Cuxe, Mizraim, Pute e Canaã.

7 Os filhos de Cuxe: Sebá, Havilá, Sabtá, Raamá e Sabtecá; e os filhos de Raamá: Sabá e Dedã.

8 Cuxe gerou a Ninrode, o qual começou a ser poderoso na terra.

9 Foi valente caçador diante do Senhor; daí dizer-se: Como Ninrode, poderoso caçador diante do Senhor.

10 O princípio do seu reino foi Babel, Ereque, Acade e Calné, na terra de Sinear.

11 Daquela terra saiu ele para a Assíria, e edificou Nínive, Reobote-Ir e Calá.
12 E, entre Nínive e Calá, a grande cidade de Resém.
13 Mizraim gerou a Ludim, a Anamim, a Leabim, a Naftuim,
14 a Patrusim, a Casluim (donde saíram os filisteus) e a Caftorim.
15 Canaã gerou a Sidom, seu primogênito, e a Hete.
16 E aos jebuseus, aos amorreus, aos girgaseus,
17 aos heveus, aos arqueus, aos sineus,
18 aos arvadeus, aos zemareus, e aos hamateus; e depois se espalharam as famílias dos cananeus.
19 E o limite dos cananeus foi desde Sidom, indo para Gerar, até Gaza, indo para Sodoma, Gomorra, Admá e Zeboim, até Lasa.
20 São estes os filhos de Cão, segundo as suas famílias, segundo as suas línguas, em suas terras, em suas nações.

21 A Sem, que foi pai de todos os filhos de Héber, e irmão mais velho de Jafé, também lhe nasceram filhos.

22 Os filhos de Sem são: Elão, Assur, Arfaxade, Lude e Arã.

23 Os filhos de Arã: Uz, Hul, Géter e Más.

24 Arfaxade gerou a Salá; Salá gerou a Héber.

25 A Héber nasceram dois filhos: um teve por nome Pelegue, porquanto em seus dias se repartiu a terra; e o nome de seu irmão foi Joctã.

26 Joctã gerou a Almodá, a Salefe, a Hazarmavé, a Jerá,

27 a Hadorão, a Uzual, a Dicla,

28 a Obal, a Abimael, a Sabá,

29 a Ofir, a Havilá e a Jobabe; todos estes foram filhos de Joctã.

30 E habitaram desde Messa, indo para Sefar, montanha do Oriente.

31 São estes os filhos de Sem, segundo as suas famílias, segundo as suas línguas, em suas terras, em suas nações.

32 São estas as famílias dos filhos de Noé, segundo as suas gerações, nas suas nações: e destes foram disseminadas as nações na terra depois do dilúvio.

A Torre de Babel

11 Ora em toda a terra havia apenas uma linguagem e uma só maneira de falar.
2 Sucedeu que, partindo eles do oriente, deram com uma planície na terra de Sinear; e habitaram ali.
3 E disseram uns aos outros: Vinde, façamos tijolos, e queimemo-los bem. Os tijolos serviram-lhes de pedra, e o betume, de argamassa.
4 Disseram: Vinde, edifiquemos para nós uma cidade, e uma torre cujo tope chegue até aos céus, e tornemos célebre o nosso nome, para que não sejamos espalhados por toda a terra.
5 Então desceu o Senhor para ver a cidade e a torre, que os filhos dos homens edificavam;

6 E disse: Eis que o povo é um, e todos têm a mesma linguagem. Isto é apenas o começo: agora não haverá restrição para tudo que intentam fazer.
7 Vinde, desçamos, e confundamos ali a sua linguagem, para que um não entenda a linguagem de outro.
8 Destarte o Senhor os dispersou dali pela superfície da terra: e cessaram de edificar a cidade.
9 Chamou-se-lhe, por isso, o nome de Babel, porque ali confundiu o Senhor a linguagem de toda a terra, e dali os dispersou por toda a superfície dela.

Descendentes de Sem

10 São estas as gerações de Sem: ora, ele era da idade de cem anos quando gerou a Arfaxade, dois anos depois do dilúvio;
11 e, depois que gerou Arfaxade, viveu Sem quinhentos anos; e gerou filhos e filhas.

12 Viveu Arfaxade trinta e cinco anos e gerou a Salá;

13 e, depois que gerou a Salá, viveu Arfaxade quatrocentos e três anos; e gerou filhos e filhas.

14 Viveu Salá trinta anos, e gerou a Héber;

15 E, depois que gerou a Héber, viveu Salá quatrocentos e três anos; e gerou filhos e filhas.

16 Viveu Héber trinta e quatro anos, e gerou a Pelegue;

17 e, depois que gerou a Pelegue, viveu Héber quatrocentos e trinta anos; e gerou filhos e filhas.

18 Viveu Pelegue trinta anos, e gerou a Reú;

19 e, depois que gerou a Reú, viveu Pelegue duzentos e nove anos; e gerou filhos e filhas.

20 Viveu Reú trinta e dois anos, e gerou a Serugue;

21 E, depois que gerou a Serugue, viveu Reú duzentos e sete anos; e gerou filhos e filhas.

22 Viveu Serugue trinta anos, e gerou a Naor; e, depois que gerou a Naor,
23 viveu Serugue duzentos anos; e gerou filhos e filhas.
24 Viveu Naor vinte e nove anos, e gerou a Terá.
25 E, depois que gerou a Terá, viveu Naor cento e dezenove anos; e gerou filhos e filhas.
26 Viveu Terá setenta anos, e gerou a Abrão, a Naor e a Harã.
27 São estas as gerações de Terá: Terá gerou a Abrão, a Naor e a Harã; e Harã gerou a Ló.
28 Morreu Harã, na terra de seu nascimento, em Ur dos caldeus, estando Terá, seu pai, ainda vivo.
29 Abrão e Naor tomaram para si mulheres; a de Abrão chamava-se Sarai, a de Naor, Milca, filha de Harã que foi pai de Milca, e de Iscá.
30 Sarai era estéril, não tinha filhos.
31 Tomou Terá a Abrão, seu filho, e a Ló, filho de Harã, filho de seu filho, e a Sarai,

sua nora, mulher de seu filho Abrão, e saiu com eles de Ur dos caldeus, para ir à terra de Canaã; foram até Harã, onde ficaram.
32 E, havendo Terá vivido duzentos e cinco anos ao todo, morreu em Harã.

Deus chama Abrão e lhe faz promessas

12 Ora disse o Senhor a Abrão: Sai da tua terra, da tua parentela e da casa de teu pai, vai para a terra que te mostrarei;
2 de ti farei uma grande nação, e te abençoarei, e te engrandecerei o nome. Sê tu uma bênção:
3 abençoarei os que te abençoarem, e amaldiçoarei os que te amaldiçoarem; em ti serão benditas todas as famílias da terra.
4 Partiu, pois Abrão, como lho ordenara o Senhor, e Ló foi com ele. Tinha Abrão setenta e cinco anos quando saiu de Harã.
5 Levou Abrão consigo a Sarai, sua mulher, e a Ló, filho de seu irmão, e todos os

bens que haviam adquirido, e as pessoas que lhe acresceram em Harã. Partiram para a terra de Canaã; e lá chegaram.

6 Atravessou Abrão a terra até Siquém, até ao carvalho de Moré. Nesse tempo os cananeus habitavam essa terra.

7 Apareceu o Senhor a Abrão, e lhe disse: Darei à tua descendência esta terra. Ali edificou um altar ao Senhor, que lhe aparecera. **8** Passando dali para o monte ao oriente de Betel, armou a sua tenda, ficando Betel ao ocidente e Ai ao oriente; ali edificou um altar ao Senhor, e invocou o nome do Senhor. **9** Depois seguiu Abrão dali, indo sempre para o Neguebe.

Abrão no Egito

10 Havia fome naquela terra; desceu, pois, Abrão ao Egito, para aí ficar: porquanto era grande a fome na terra.

11 Quando se aproximava do Egito, quase ao entrar, disse a Sarai, sua mulher: Ora, bem sei que és mulher de formosa aparência;
12 os egípcios, quando te virem, vão dizer: É a mulher dele, e me matarão, deixando-te com vida.
13 Dize, pois, que és minha irmã, para que me considerem por amor de ti e, por tua causa, me conservem a vida.
14 Tendo Abrão entrado no Egito, viram os egípcios que a mulher era sobremaneira formosa.
15 Viram-na os príncipes de Faraó, e gabaram-na junto dele; e a mulher foi levada para a casa de Faraó.
16 Este, por causa dela, tratou bem a Abrão, o qual veio a ter ovelhas, bois, jumentos, escravos e escravas, jumentas e camelos.
17 Porém o Senhor puniu Faraó e a sua casa com grandes pragas, por causa de Sarai, mulher de Abrão.
18 Chamou, pois, Faraó a Abrão e lhe disse: Que é isso que me fizeste? Por que não me disseste que era ela tua mulher?

19 E me disseste ser tua irmã? Por isso a tomei para ser minha mulher. Agora, pois, eis a tua mulher, toma-a, e vai-te.
20 E Faraó deu ordens aos seus homens a respeito dele; e acompanharam-no, a ele, a sua mulher, e a tudo que possuía.

Abrão e Ló separam-se

13 Saiu, pois, Abrão do Egito para o Neguebe, ele e sua mulher, e tudo o que tinha, e Ló com ele.
2 Era Abrão muito rico; possuía gado, prata e ouro.
3 Fez as suas jornadas do Neguebe até Betel, até ao lugar onde primeiro estivera a sua tenda, entre Betel e Ai;
4 até ao lugar do altar, que outrora tinha feito; e aí Abrão invocou o nome do Senhor.
5 Ló, que ia com Abrão, também tinha rebanhos, gado e tendas.
6 E a terra não podia sustentá-los, para que habitassem juntos, porque eram muitos os

seus bens; de sorte que não podiam habitar um na companhia do outro.

7 Houve contenda entre os pastores do gado de Abrão e os pastores do gado de Ló. Nesse tempo os cananeus e os ferezeus habitavam essa terra.

8 Disse Abrão a Ló: Não haja contenda entre mim e ti, e entre os meus pastores e os teus pastores, porque somos parentes chegados.

9 Acaso não está diante de ti toda a terra? Peço-te que te apartes de mim; se fores para a esquerda, irei para a direita; se fores para a direita irei para a esquerda.

10 Levantou Ló os olhos, e viu toda a campina do Jordão, e que era toda bem regada (antes de haver o Senhor destruído Sodoma e Gomorra), como o jardim do Senhor, como a terra do Egito, como quem vai para Zoar.

11 Então Ló escolheu para si toda a campina do Jordão, e partiu para o oriente: separaram-se um do outro.

12 Habitou Abrão na terra de Canaã; e Ló nas cidades da campina, e ia armando as suas tendas até Sodoma.
13 Ora, os homens de Sodoma eram maus e grandes pecadores contra o Senhor.

O Senhor promete a Abrão a terra de Canaã

14 Disse o Senhor a Abrão, depois que Ló se separou dele: Ergue os olhos e olha desde onde estás para o norte, para o sul, para o oriente e para o ocidente;
15 porque, toda essa terra que vês, eu ta darei, a ti e à tua descendência, para sempre.
16 Farei a tua descendência como o pó da terra; de maneira que se alguém puder contar o pó da terra, então se contará também a tua descendência.
17 Levanta-te, percorre essa terra no seu comprimento e na sua largura; porque eu ta darei.

18 E Abrão, mudando as suas tendas, foi habitar-nos carvalhais de Manre, que estão junto a Hebrom; e levantou ali um altar ao Senhor.

Guerra de quatro reis contra cinco

14 Sucedeu naquele tempo que Anrafel, rei de Sinear, Arioque, rei de Elasar, Quedorlaomer, rei de Elão, e Tidal, rei de Goim,
2 fizeram guerra contra Bera, rei de Sodoma, contra Birsa, rei de Gomorra, contra Sinabe, rei de Admá, contra Semeber, rei de Zeboim, e contra o rei de Belá (este é Zoar).
3 Todos estes se ajuntaram no vale de Sidim (que é o Mar Salgado).
4 Doze anos serviram a Quedorlaomer, porém no décimo terceiro se rebelaram.
5 Ao décimo quarto ano veio Quedorlaomer, e os reis que estavam com ele, e feriram aos refains em Asterote-Carnaim, e aos zuzins em Hã, e aos emins em Savé-Quiriataim,

6 e aos horeus no seu monte Seir, até El-Parã, que está junto ao deserto.

7 De volta passaram em En-Mispate (que é Cades), e feriram toda a terra dos amalequitas e dos amorreus, que habitavam em Hazazom-Tamar.

8 Então saíram os reis de Sodoma, de Gomorra, de Admá, de Zeboim e de Belá (esta é Zoar), e se ordenaram e levantaram batalha contra eles no vale de Sidim,

9 contra Quedorlaomer, rei de Elão, contra Tidal, rei de Goim, contra Anrafel, rei de Sinear, contra Arioque, rei de Elasar: quatro reis contra cinco.

10 Ora, o vale de Sidim estava cheio de poços de betume; os reis de Sodoma e de Gomorra fugiram; alguns caíram neles, e os restantes fugiram para um monte.

11 Tomaram, pois, todos os bens de Sodoma e de Gomorra, e todo o seu mantimento, e se foram.

Ló é levado cativo

12 Apossaram-se também de Ló, filho do irmão de Abrão, que morava em Sodoma, e dos seus bens e partiram.
13 Porém veio um, que escapara, e o contou a Abrão, o hebreu; este habitava junto dos carvalhais de Manre, o amorreu, irmão de Escol e de Aner, os quais eram aliados de Abrão.
14 Ouvindo Abrão que seu sobrinho estava preso, fez sair trezentos e dezoito homens dos mais capazes, nascidos em sua casa, e os perseguiu até Dã.
15 E, repartidos contra eles de noite, ele e os seus homens, feriu-os e os perseguiu até Hobá, que fica à esquerda de Damasco.
16 Trouxe de novo todos os bens, e também a Ló, seu sobrinho, os bens dele, e ainda as mulheres e o povo.
17 Após voltar Abrão de ferir a Quedorlaomer e aos reis que estavam com ele, saiu-lhe ao encontro o rei de Sodoma no vale de Savé, que é o vale do Rei.

Melquisedeque abençoa a Abrão

18 Melquisedeque, rei de Salém, trouxe pão e vinho; era sacerdote do Deus Altíssimo;
19 abençoou ele a Arão, e disse: Bendito seja Abrão pelo Deus Altíssimo, que possui os céus e a terra;
20 e bendito seja o Deus Altíssimo, que entregou os teus adversários nas tuas mãos. E de tudo lhe deu Abrão o dízimo.
21 Então disse o rei de Sodoma a Abrão: Dá-me as pessoas, e os bens ficarão contigo.
22 Mas Abrão lhe respondeu: levanto minha mão ao Senhor, o Deus Altíssimo, o que possui os céus e a terra,
23 e juro que nada tomarei de tudo o que te pertence, nem um fio, nem uma correia de sandália, para que não digas: Eu enriqueci a Abrão;
24 nada quero para mim, senão o que os rapazes comeram, e a parte que toca aos homens Aner, Escol e Manre, que foram comigo; estes que tomem o seu quinhão.

Deus anima a Abrão e lhe promete um filho

15 Depois destes acontecimentos veio a palavra do Senhor a Abrão, numa visão, e disse: Não temas, Abrão, eu sou o teu escudo, e teu galardão será sobremodo grande.
2 Respondeu Abrão: Senhor Deus, que me haverás de dar, se continuo sem filhos, e o herdeiro da minha casa é o damasceno Eliezer?
3 Disse mais Abrão: A mim não me concedeste descendência, e um servo nascido na minha casa será o meu herdeiro.
4 A isto respondeu logo o Senhor, dizendo: Não será esse o teu herdeiro; mas aquele que será gerado de ti, será o teu herdeiro.
5 Então conduziu-o até fora, e disse: Olha para os céus e conta as estrelas, se é que o podes. E lhe disse: Será assim a tua posteridade.
6 Ele creu no Senhor, e isso lhe foi imputado para justiça.

7 Disse-lhe mais: Eu sou o Senhor que te tirei de Ur dos caldeus, para dar-te por herança esta terra.
8 Perguntou-lhe Abrão: Senhor Deus, como saberei que hei de possuí-la?
9 Respondeu-lhe: Toma-me uma novilha, uma cabra e um cordeiro, cada qual de três anos, uma rola e um pombinho.
10 Ele, tomando todos estes animais, partiu-os pelo meio, e lhes pôs em ordem as metades, umas defronte das outras; e não partiu as aves.
11 Aves de rapina desciam sobre os cadáveres, porém Abrão as enxotava.

O Senhor entra em aliança com Abrão

12 Ao pôr-do-sol, caiu profundo sono sobre Abrão, e grande pavor e cerradas trevas o acometeram.
13 Então lhe foi dito: Sabe, com certeza, que a tua posteridade será peregrina em terra

alheia, e será reduzida à escravidão, e será afligida por quatrocentos anos.

14 Mas também eu julgarei a gente a que têm de sujeitar-se; e depois sairão com grandes riquezas.

15 E tu irás para teus pais em paz; serás sepultado em ditosa velhice.

16 Na quarta geração tornarão para aqui; porque não se encheu ainda a medida da iniqüidade dos amorreus.

17 E sucedeu que, posto o sol, houve densas trevas; e eis um fogareiro fumegante, e uma tocha de fogo que passou entre aqueles pedaços.

18 Naquele mesmo dia fez o Senhor aliança com Abrão, dizendo: À tua descendência dei esta terra, desde o rio do Egito até ao grande rio Eufrates:

19 o queneu, o quenezeu, o cadmoneu,

20 o heteu, o ferezeu, os refains,

21 o amorreu, o cananeu, o girgaseu e o jebuseu.

Sarai e Hagar

16 Ora, Sarai, mulher de Abrão, não lhe dava filhos; tendo, porém, uma serva egípcia, por nome Hagar,

2 Disse Sarai a Abrão: Eis que o Senhor me tem impedido de dar à luz filhos; toma, pois, a minha serva, e assim me edificarei com filhos por meio dela. E Abrão anuiu ao conselho de Sarai.

3 Então Sarai, mulher de Abrão, tomou a Hagar egípcia, sua serva, e deu-a por mulher a Abrão, seu marido, depois de ter ele habitado dez anos na terra de Canaã.

4 Ele a possuiu, e ela concebeu. Vendo ela que havia concebido, foi sua senhora por ela desprezada.

5 Disse Sarai a Abrão: Seja sobre ti a afronta que se me faz a mim. Eu te dei a minha serva para a possuíres; ela, porém, vendo que concebeu, desprezou-me. Julgue o Senhor entre mim e ti.

6 Respondeu Abrão a Sarai: A tua serva está nas tuas mãos, procede segundo melhor te parecer. Sarai humilhou-a, e ela fugiu de sua presença.

7 Tendo-a achado o anjo do Senhor junto a uma fonte de água no deserto, junto à fonte no caminho de Sur,

8 disse-lhe: Hagar, serva de Sarai, donde vens? e para onde vais? Ela respondeu: Fujo da presença de Sarai, minha senhora.

9 Então lhe disse o anjo do Senhor: Volta para tua senhora, e humilha-te sob suas mãos.

10 Disse-lhe mais o anjo do Senhor: Multiplicarei sobremodo a tua descendência, de maneira que, por numerosa, não será contada.

11 Disse-lhe ainda o anjo do Senhor: Concebeste, e darás à luz um filho, a quem chamarás Ismael, porque o Senhor te acudiu na tua aflição.

12 Ele será, entre os homens, como um jumento selvagem; a tua mão será contra todos, e a mão de todos contra ele; e habitará fronteiro a todos os seus irmãos.

13 Então ela invocou o nome do Senhor, que lhe falava: Tu és Deus que vê; pois disse ela: Não olhei eu neste lugar para aquele que me vê?
14 Por isso aquele poço se chama Beer-Laai-Roi; está entre Cades e Berede.

Nascimento de Ismael

15 Hagar deu à luz um filho a Abrão; e Abrão, a seu filho lhe dera Hagar, chamou-lhe Ismael.
16 Era Abrão de oitenta e seis anos, quando Hagar lhe deu à luz Ismael.

Deus muda o nome de Abrão

17 Quando atingiu Abrão a idade de noventa e nove anos, apareceu-lhe o Senhor, e disse-lhe: Eu sou o Deus Todo-poderoso: anda na minha presença, e sê perfeito.
2 Farei uma aliança entre mim e ti, e te multiplicarei extraordinariamente.

3 Prostrou-se Abrão, rosto em terra, e Deus lhe falou:
4 Quanto a mim, será contigo a minha aliança; serás pai de numerosas nações.
5 Abrão já não será o teu nome, e, sim, Abraão; porque por pai de numerosas nações te constituí.
6 Far-te-ei fecundo extraordinariamente, de ti farei nações, e reis procederão de ti.
7 Estabelecerei a minha aliança entre mim e ti e a tua descendência no decurso das suas gerações, aliança perpétua, para ser o teu Deus, e da tua descendência.
8 Dar-te-ei à tua descendência a terra das tuas peregrinações, toda terra de Canaã, em possessão perpétua, e serei o seu Deus.

Institui-se a circuncisão

9 Disse mais Deus a Abraão: guardarás a minha aliança, tu e a tua descendência no decurso das suas gerações.

10 Esta é a minha aliança, que guardareis entre mim e vós, e a tua descendência: todo macho entre vós será circuncidado.

11 Circuncidareis a carne de vosso prepúcio; será isso por sinal de aliança entre mim e vós.

12 O que tem oito dias será circuncidado entre vós, todo macho nas vossas gerações, tanto o escravo nascido em casa, como o comprado a qualquer estrangeiro, que não for da tua estirpe.

13 Com efeito, será circuncidado o nascido em tua casa, e o comprado por teu dinheiro; a minha aliança estará em vossa carne e será aliança perpétua.

14 O incircunciso, que não for circuncidado na carne do prepúcio, essa vida será eliminada do seu povo, quebrou a minha aliança.

Deus muda o nome de Sarai

15 Disse também Deus a Abraão: A Sarai tua mulher, já não lhe chamarás Sarai, porém Sara.

16 Abençoá-la-ei e dela te darei um filho: sim, eu a abençoarei, e ela se tornará nações; reis de povos procederão dela.

17 Então se prostrou Abraão, rosto em terra, e se riu, e disse consigo: A um homem de cem anos há de nascer um filho? dará à luz Sara com seus noventa anos?

18 Disse Abraão a Deus: Oxalá viva Ismael diante de ti.

19 Deus lhe respondeu: De fato Sara, tua mulher, te dará um filho, e lhe chamarás Isaque: estabelecerei com ele a minha aliança, aliança perpétua para a sua descendência.

20 Quanto a Ismael, eu te ouvi: abençoá-lo-ei, fá-lo-ei fecundo e o multiplicarei extraordinariamente; gerará doze príncipes, e dele farei uma grande nação.

21 A minha aliança, porém, estabelecê-la-ei com Isaque, o qual Sara te dará à luz, neste tempo, daqui a um ano.

22 E finda esta fala com Abraão, Deus se retirou dele, elevando-se.

Pratica-se a circuncisão

23 Tomou, pois, Abraão a seu filho Ismael, e a todos os escravos nascidos em sua casa e a todos comprados por seu dinheiro, todo macho dentre os de sua casa, e lhes circuncidou a carne do prepúcio de cada um, naquele mesmo dia, como Deus lhe ordenara.
24 Tinha Abraão noventa e nove anos de idade, quando foi circuncidado na carne do seu prepúcio.
25 Ismael, seu filho, era de treze anos, quando foi circuncidado na carne do seu prepúcio.
26 Abraão e seu filho, Ismael, foram circuncidados no mesmo dia.
27 E também foram circuncidados todos os homens de sua casa, assim os escravos nascidos nela, como os comprados por dinheiro ao estrangeiro.

O Senhor e dois anjos aparecem a Abraão

18 Apareceu o Senhor a Abraão nos carvalhais de Manre, quando ele estava assentado à entrada da tenda, no maior calor do dia.

2 Levantou ele os olhos, olhou, e viu três homens de pé em frente dele. Vendo-os, correu da porta da tenda ao seu encontro, prostrou-se em terra,

3 e disse: Senhor meu, se acho mercê em tua presença, rogo-te que não passes do teu servo:

4 Traga-se um pouco de água, lavai os vossos pés e repousai debaixo desta árvore;

5 trarei um bocado de pão: refazei as vossas forças, visto que chegastes até vosso servo; depois seguireis avante. Responderam: Faze como disseste.

6 Apressou-se, pois, Abraão para a tenda de Sara, e lhe disse: Amassa depressa três medidas de flor de farinha, e faze pão assado ao borralho.

7 Abraão, por sua vez, correu ao gado, tomou um novilho, tenro e bom, e deu-o ao criado, que se apressou em prepará-lo.

8 Tomou também coalhada e leite, e o novilho que mandara preparar, e pôs tudo diante deles; e permaneceu de pé junto a eles debaixo da árvore; e eles comeram.

9 Então lhe perguntaram: Sara, tua mulher, onde está? Ele respondeu: Está aí na tenda.

10 Disse um deles: Certamente voltarei a ti, daqui a um ano; e Sara, tua mulher, dará à luz um filho. Sara o estava escutando, à porta da tenda, atrás dele.

11 Abraão e Sara eram já velhos, avançados em idade; e a Sara já lhe havia cessado o costume das mulheres.

12 Riu-se, pois, Sara no seu íntimo, dizendo consigo mesma: Depois de velha, e velho também o meu senhor, terei ainda prazer?

13 Disse o Senhor a Abraão: Por que se riu Sara, dizendo: Será verdade que darei ainda à luz, sendo velha?

14 Acaso para Deus há cousa demasiadamente difícil? Daqui a um ano, neste mesmo tempo, voltarei a ti, e Sara terá um filho.

15 Então Sara, receosa, o negou, dizendo: Não me ri. Ele, porém, disse: Não é assim, é certo que riste.

Deus anuncia a destruição de Sodoma e Gomorra

16 Tendo-se levantado dali aqueles homens, olharam para Sodoma; e Abraão ia com eles, para os encaminhar.
17 Disse o Senhor: Ocultarei a Abraão o que estou para fazer?
18 Visto que Abraão certamente virá a ser uma grande e poderosa nação, e nele serão benditas todas as nações da terra?
19 Porque eu o escolhi para que ordene a seus filhos e a sua casa depois dele, a fim de que guardem o caminho do Senhor, e pratiquem a justiça e o juízo; para que o Senhor faça vir sobre Abraão o que tem falado a seu respeito.
20 Disse mais o Senhor: Com efeito, o clamor de Sodoma e Gomorra tem-se multiplicado e o seu pecado se tem agravado muito.
21 Descerei, e verei se de fato o que têm praticado corresponde a esse clamor que é vindo até mim; e, se assim não é, sabê-lo-ei.

Abraão intercede junto a Deus pelos homens

22 Então partiram dali aqueles homens, e foram para Sodoma; porém Abraão permaneceu ainda na presença do Senhor.
23 E, aproximando-se a ele, disse: Destruirás o justo com o ímpio?
24 Se houver, porventura, cinqüenta justos na cidade, destruirás ainda assim, e não pouparás o lugar por amor dos cinqüenta justos que nela se encontram?
25 Longe de ti o fazeres tal cousa, matares o justo com o ímpio, como se o justo fosse igual ao ímpio; longe de ti. Não fará justiça o Juiz de toda a terra?
26 Então disse o Senhor: Se eu achar em Sodoma cinqüenta justos dentro da cidade, pouparei a cidade toda por amor deles.
27 Disse mais Abraão: Eis que me atrevo a falar ao Senhor, eu que sou pó e cinza.
28 Na hipótese de faltarem cinco para cinqüenta justos, destruirás por isso toda a cidade? Ele respondeu: Não a destruirei se eu achar ali quarenta e cinco.

29 Disse-lhe ainda mais Abraão: E se, porventura, houver ali quarenta? Respondeu: Não o farei por amor aos quarenta.
30 Insistiu: Não se ire o Senhor, falarei ainda: Se houver, porventura, ali trinta? Respondeu o Senhor: Não o farei se eu encontrar ali trinta.
31 Continuou Abraão: Eis que me atrevi a falar ao Senhor: Se, porventura, houver ali vinte? Respondeu o Senhor: Não a destruirei por amor dos vinte.
32 Disse ainda Abraão: Não se ire o Senhor, se lhe falo somente mais esta vez: Se, porventura, houver ali dez? Respondeu o Senhor: Não a destruirei por amor dos dez.
33 Tendo cessado de falar a Abraão, retirou-se o Senhor; e Abraão voltou para o seu lugar.

Ló recebe em sua casa os dois anjos

19 Ao anoitecer vieram os dois anjos a Sodoma, a cuja entrada estava Ló assentado;

este, quando os viu, levantou-se e, indo ao seu encontro, prostrou-se, rosto em terra.

2 E disse-lhes: Eis agora, meus senhores, vinde para a casa do vosso servo, pernoitai nela, e lavai os vossos pés; levantar-vos-eis de madrugada e seguireis o vosso caminho. Responderam eles: Não; passaremos a noite na praça.

3 Instou-lhes muito, e foram e entraram em casa dele; deu-lhes um banquete, fez assar uns pães asmos, e eles comeram.

4 Mas, antes que se deitassem, os homens daquela cidade cercaram a casa, os homens de Sodoma, assim os moços como os velhos, sim, todo o povo de todos os lados;

5 e chamaram por Ló e lhe disseram: Onde estão os homens que, à noitinha, entraram em tua casa? Traze-os fora a nós para que abusemos deles.

6 Saiu-lhes, então, Ló à porta, fechou-a após si,

7 e lhes disse: Rogo-vos meus irmãos, que não façais mal;

8 tenho duas filhas, virgens, eu vo-las trarei; tratai-as como vos parecer, porém nada façais a estes homens, porquanto se acham sob a proteção de meu teto.

9 Eles, porém, disseram: Retira-te daí. E acrescentaram: Só ele é estrangeiro, veio morar entre nós, e pretende ser juiz em tudo? A ti, pois, faremos pior do que a eles. E arremessaram-se contra o homem, contra Ló, e se chegaram para arrombar a porta.

10 Porém os homens, estendendo a mão, fizeram entrar Ló, e fecharam a porta;

11 e feriram de cegueira aos que estavam fora, desde o menor até ao maior, de modo que se cansaram à procura da porta.

12 Então disseram os homens a Ló: Tens aqui alguém mais dos teus? Genro, e teus filhos, e tuas filhas, todos quantos tens na cidade, faze-os sair deste lugar;

13 pois vamos destruir este lugar, porque o seu clamor se tem aumentado chegando até à presença do Senhor; e o Senhor nos enviou a destrui-lo.

14 Então saiu Ló e falou a seus genros, aos que estavam para casar com suas filhas, e disse: Levantai-vos, saí deste lugar, porque o Senhor há de destruir a cidade. Acharam, porém, que ele gracejava com eles.

15 Ao amanhecer, apartaram os anjos com Ló, dizendo: Levanta-te, toma tua mulher e tuas duas filhas, que aqui se encontram, para que não pereçam no castigo da cidade.

16 Como, porém, se demorasse, pegaram-no os homens pela mão, a ele, a sua mulher e as duas filhas, sendo-lhe o Senhor misericordioso, e o tiraram e o puseram fora da cidade.

17 Havendo-os levado fora, disse um deles: livra-te, salva a tua vida; não olhes para trás, nem pares em toda a campina; foge para o monte, para que não pereças.

18 Respondeu-lhes Ló: Assim não, Senhor meu!

19 Eis que o teu servo achou mercê diante de ti, e engrandeceste a tua misericórdia que me mostraste, salvando-me a vida; não pos-

so escapar no monte, pois receio que o mal me apanhe, e eu morra.
20 Eis aí uma cidade perto para a qual eu posso fugir, e é pequena. Permite que eu fuja para lá (porventura não é pequena?), e nela viverá a minha alma.
21 Disse-lhe: Quanto a isso estou de acordo, para não subverter a cidade de que acabas de falar.
22 Apressa-te, refugia-te nela; pois nada posso fazer, enquanto não tiveres chegado lá. Por isso se chamou Zoar o nome da cidade.

A destruição de Sodoma e Gomorra

23 Saía o sol sobre a terra, quando Ló entrou em Zoar.
24 Então fez o Senhor chover enxofre e fogo, da parte do Senhor, sobre Sodoma e Gomorra.
25 E subverteu aquelas cidades e toda a campina, e todos os moradores das cidades, e o que nascia na terra.

26 E a mulher de Ló olhou para trás e converteu-se numa estátua de sal.
27 Tendo-se levantado Abraão de madrugada, foi para o lugar onde estivera na presença do Senhor;
28 e olhou para Sodoma e Gomorra e para toda a terra da campina, e viu que da terra subia fumaça, como a fumarada de uma fornalha.
29 Ao tempo que destruía as cidades da campina, lembrou-se Deus de Abraão, e tirou a Ló do meio das ruínas, quando subverteu as cidades em que Ló habitara.

A origem dos moabitas e dos amonitas

30 Subiu Ló de Zoar e habitou no monte, ele e suas duas filhas, porque receavam permanecer em Zoar; e habitou numa caverna, e com ele as duas filhas.
31 Então a primogênita disse à mais moça: Nosso pai está velho, e não há homem na

terra que venha unir-se conosco, segundo o costume de toda terra.

32 Vem, façamo-lo beber vinho, deitemo-nos com ele, e conservemos a descendência de nosso pai.

33 Naquela noite, pois, deram a beber vinho a seu pai e, entrando a primogênita, se deitou com ele, sem que ele o notasse, nem quando ela se deitou, nem quando se levantou.

34 No dia seguinte disse a primogênita à mais nova: Deitei-me, ontem, à noite, com meu pai. Demos-lhe a beber vinho também esta noite; entra, e deita-te com ele, para que preservemos a descendência de nosso pai.

35 De novo, pois, deram aquela noite a beber vinho a seu pai e, entrando a mais nova, se deitou com ele, sem que ele o notasse, nem quando ela se deitou, nem quando se levantou.

36 E assim as duas filhas de Ló conceberam do próprio pai.

37 A primogênita deu à luz um filho, e lhe chamou Moabe: é o pai dos moabitas, até ao dia de hoje.

38 A mais nova também deu à luz um filho, e lhe chamou Ben-Ami: é o pai dos filhos de Amom, até ao dia de hoje.

Abraão e Sara peregrinam em gerar

20 Partindo Abraão dali para a terra do Neguebe, habitou entre Cades e Sur, e morou em Gerar.
2 Disse Abraão de Sara, sua mulher: Ela é minha irmã; assim, pois, Abimeleque, rei de Gerar, mandou buscá-la.
3 Deus, porém, veio a Abimeleque em sonhos de noite e lhe disse: Vais ser punido de morte por causa da mulher que tomaste, porque ela tem marido.
4 Ora, Abimeleque ainda não a havia possuído; por isso disse: Senhor, matarás até uma nação inocente?
5 Não foi ele mesmo que me disse: É minha irmã? E ela também me disse: Ele é meu irmão. Com sinceridade de coração e na minha inocência foi que eu fiz isso.

6 Respondeu-lhe Deus em sonhos: Bem sei que com sinceridade de coração fizeste isso; daí o ter impedido eu de pecares contra mim, e não te permiti que a tocasses.
7 Agora, pois, restitui a mulher a seu marido, pois ele é profeta, e intercederá por ti, e viverás; se, porém, não lha restituíres, sabe que certamente morrerás, tu e tudo o que é teu.
8 Levantou-se Abimeleque de madrugada, chamou todos os seus servos e lhes contou todas essas cousas; e os homens ficaram muito atemorizados.
9 Então chamou Abimeleque a Abraão e lhe disse: Que é isso que nos fizeste? Em que pequei eu contra ti, para trazeres tamanho pecado sobre mim e sobre o meu reino? Tu me fizeste o que não se deve fazer.
10 Disse mais Abimeleque a Abraão: Que estavas pensando para fazeres tal cousa?
11 Respondeu Abraão: Eu disse comigo mesmo: Certamente não há temor de Deus neste lugar, e eles me matarão por causa de minha mulher.

12 Por outro lado, ela, de fato, é também minha irmã, filha de meu pai, e não de minha mãe; e veio a ser minha mulher.

13 Quando Deus me fez andar errante da casa de meu pai, eu lhe disse a ela: Este favor me farás em todo lugar em que entrarmos, dirás a meu respeito: Ele é meu irmão.

14 Então Abimeleque tomou ovelhas e bois, e servos e servas, e os deu a Abraão; e lhe restituiu a Sara, sua mulher.

15 Disse Abimeleque: A minha terra está diante de ti; habita onde melhor te parecer.

16 E a Sara disse: Dei mil siclos de prata a teu irmão; será isto compensação por tudo quanto se deu contigo; e perante todos estás justificada.

17 E, orando Abraão, sarou Deus Abimeleque, sua mulher e suas servas, de sorte que elas pudessem ter filhos;

18 porque o Senhor havia tornado estéreis todas as mulheres da casa de Abimeleque, por causa de Sara, mulher de Abraão.

O nascimento de Isaque

21 Visitou o Senhor a Sara como lhe dissera, e cumpriu o que lhe havia prometido.
2 Sara concebeu, e deu à luz um filho a Abraão na sua velhice, no tempo determinado, de que Deus lhe falara.
3 Ao filho que lhe nasceu, que Sara lhe dera à luz, pôs Abraão o nome de Isaque;
4 Abraão circuncidou a seu filho Isaque, quando este era de oito dias, segundo Deus lhe havia ordenado.
5 Tinha Abraão cem anos, quando lhe nasceu Isaque, seu filho.
6 E disse Sara: Deus me deu motivo de riso; e todo aquele que ouvir isso, vai rir-se juntamente comigo.
7 E acrescentou: Quem teria dito a Abraão que Sara amamentaria um filho? pois na sua velhice lhe dei um filho.

Hagar no deserto

8 Isaque cresceu, e foi desmamado. Nesse dia em que o menino foi desmamado deu Abraão um grande banquete.
9 Vendo Sara que o filho de Hagar, a egípcia, o qual ela dera à luz a Abraão, caçoava de Isaque,
10 disse a Abraão: Rejeita essa escrava e seu filho; porque o filho dessa escrava não será herdeiro com Isaque, meu filho.
11 Pareceu isso mui penoso aos olhos de Abraão, por causa de seu filho.
12 Disse, porém, Deus a Abraão: Não te pareça isso mal por causa do moço e por causa da tua serva; atende a Sara em tudo o que ela te disser: porque por Isaque será chamada a tua descendência.
13 Mas também do filho da serva farei uma grande nação, por ser ele teu descendente.
14 Levantou-se, pois, Abraão de madrugada, tomou pão e um odre de água, pô-los às costas de Hagar, deu-lhe o menino, e a des-

pediu. Ela saiu, andando errante pelo deserto de Berseba.

15 Tendo-se acabado a água do odre, colocou ela o menino debaixo de um dos arbustos,

16 e, afastando-se, foi sentar-se defronte, à distância de um tiro de arco; porque dizia: Assim não verei morrer o menino; e, sentando-se em frente dele, levantou a voz e chorou.

17 Deus, porém, ouviu a voz do menino; e o anjo de Deus chamou do céu a Hagar e lhe disse: Que tens, Hagar? não temas, porque Deus ouviu a voz do menino, daí onde está.

18 Ergue-te, levanta o rapaz, segura-o pela mão, porque eu farei dele um grande povo.

19 Abrindo-lhe Deus os olhos, viu ela um poço de água e, indo a ele, encheu de água o odre e deu de beber ao rapaz.

20 Deus estava com o rapaz, que cresceu, habitou no deserto, e se tornou flecheiro;

21 habitou no deserto de Parã: e sua mãe o casou com uma mulher da terra do Egito.

Abraão faz aliança com Abimeleque

22 Por esse tempo, Abimeleque e Ficol, comandante do seu exército, disseram a Abraão: Deus é contigo em tudo o que fazes;

23 agora, pois, jura-me aqui por Deus que me não mentirás, nem a meu filho, nem a meu neto; e, sim, que usarás comigo e com a terra em que tens habitado daquela mesma bondade com que eu te tratei.

24 Respondeu Abraão: Juro.

25 Nada obstante, Abraão repreendeu a Abimeleque por causa de um poço de água que os servos deste lhe haviam tomado à força.

26 Respondeu-lhe Abimeleque: Não sei quem terá feito isso; também nada me fizeste saber, nem tampouco ouvi falar disso, senão hoje.

27 Tomou Abraão ovelhas e bois, e deu-os a Abimeleque; e fizeram ambos uma aliança.

28 Pôs Abraão à parte sete cordeiros do rebanho.

29 Perguntou Abimeleque a Abraão: Que significam as sete cordeiras que puseste à parte?
30 Respondeu Abraão: Receberás de minhas mãos as sete cordeiras, para que me sirvam de testemunho de que eu cavei este poço.
31 Por isso se chamou aquele lugar Berseba, porque ali juraram eles ambos.
32 Assim fizeram aliança em Berseba; levantaram-se Abimeleque e Ficol, comandante do seu exército, e voltaram para as terras dos filisteus.
33 Plantou Abraão tamargueiras em Berseba, e invocou ali o nome do Senhor, Deus eterno.
34 E foi Abraão por muito tempo morador na terra dos filisteus.

Deus prova Abraão

22 Depois dessas cousas pôs Deus Abraão à prova e lhe disse: Abraão. Este lhe respondeu: Eis-me aqui.

2 Acrescentou Deus: Toma teu filho, teu único filho, Isaque, a quem amas, e vai-te à terra de Moriá; oferece-o ali em holocausto, sobre um dos montes, que eu te mostrarei.
3 Levantou-se, pois, Abraão de madrugada e, tendo preparado o seu jumento, tomou consigo dois dos seus servos, e a Isaque, seu filho; rachou lenha para o holocausto, e foi para o lugar que Deus lhe havia indicado.
4 Ao terceiro dia, erguendo Abraão os olhos, viu o lugar de longe.
5 Então disse a seus servos: Esperai aqui, com o jumento; eu e o rapaz iremos até lá e, havendo adorado, voltaremos para junto de vós.
6 Tomou Abraão a lenha do holocausto e a colocou sobre Isaque, seu filho; ele, porém, levava nas mãos o fogo e o cutelo. Assim caminhavam ambos juntos.
7 Quando Isaque disse a Abraão, seu pai: Meu pai! Respondeu Abraão: Eis-me aqui, meu filho. Perguntou-lhe Isaque: Eis o fogo e a lenha, mas onde está o cordeiro para o holocausto?

8 Respondeu Abraão: Deus proverá para si, meu filho, o cordeiro para o holocausto; e seguiam ambos juntos.

9 Chegaram ao lugar que Deus lhe havia designado; ali edificou Abraão um altar, sobre ele dispôs a lenha, amarrou Isaque seu filho, e o deitou no altar, em cima da lenha;

10 e, estendendo a mão, tomou o cutelo para imolar o filho.

11 Mas do céu lhe bradou o Anjo do Senhor: Abraão! Abraão! Ele respondeu: Eis-me aqui.

12 Então lhe disse: Não estendas a mão sobre o rapaz, e nada lhe faças; pois agora sei que temes a Deus, porquanto não me negaste o filho, o teu único filho.

13 Tendo Abraão erguido os olhos, viu atrás de si um carneiro preso pelos chifres entre os arbustos; tomou Abraão o carneiro e o ofereceu em holocausto, em lugar de seu filho.

14 E pôs Abraão por nome àquele lugar – o Senhor proverá. Daí dizer-se até ao dia de hoje: No monte do Senhor se proverá.

15 Então do céu bradou pela segunda vez o Anjo do Senhor a Abraão,
16 e disse: Jurei, por mim mesmo, diz o Senhor, porquanto fizeste isso, e não me negaste o teu único filho,
17 que deveras te abençoarei e certamente multiplicarei a tua descendência como as estrelas dos céus e como a areia na praia do mar; a tua descendência possuirá a cidade dos seus inimigos,
18 nela serão benditas todas as nações da terra: porquanto obedeceste à minha voz.
19 Então voltou Abraão aos seus servos e, juntos, foram para Berseba, onde fixou residência.

Descendência de Naor

20 Passadas essas cousas, foi dada notícia a Abraão, nestes termos: Milca também tem dado à luz filhos a Naor, teu irmão:
21 Uz, o primogênito, Buz seu irmão, Quemuel, pai de Arã,

22 Quésede, Hazo, Pildas, Jidlafe e Betuel.
23 Betuel gerou a Rebeca: estes oito deu à luz Milca a Naor, irmão de Abraão.
24 Sua concubina, cujo nome era Reumá, lhe deu também à luz filhos: Tebá, Gaã, Taás e Maaca.

A morte de Sara

23 Tendo Sara vivido cento e vinte e sete anos,

2 morreu em Quiriate-Arba, que é Hebrom, na terra de Canaã; veio Abraão lamentar Sara e chorar por ela.

3 Levantou-se depois Abraão da presença de sua morta, e falou aos filhos de Hete:

4 Sou estrangeiro e morador entre vós: dai-me a posse de sepultura convosco, para que eu sepulte a minha morta.

5 Responderam os filhos de Hete a Abraão, dizendo:

6 Ouve-nos, senhor: Tu és príncipe de Deus entre nós; sepulta numa das nossas melhores sepulturas a tua morta; nenhum de nós te vedará a sua sepultura, para sepultares a tua morta.

7 Então se levantou Abraão, e se inclinou diante do povo da terra, diante dos filhos de Hete.

8 E lhes falou, dizendo: Se é do vosso agrado que eu sepulte a minha morta, ouvi-me e intercederei por mim junto a Efrom, filho de Zoar.

9 Para que ele me dê a caverna de Macpela, que tem no extremo do seu campo; que ma dê pelo devido preço em posse de sepultura entre vós.

10 Ora, Efrom, o heteu, sentando-se no meio dos filhos de Hete, respondeu a Abraão, ouvindo-o os filhos de Hete, a saber, todos os que entravam pela porta da sua cidade:

11 De modo nenhum, meu senhor; ouve-me: Dou-te o campo, e também a caverna que nele está: na presença dos filhos do meu povo te dou; sepulta a tua morta.

12 Então se inclinou Abraão diante do povo da terra;

13 e falou a Efrom, na presença do povo da terra, dizendo: Mas, se concordas, ouve-me, peço-te: darei o preço do campo, toma-o de mim, e sepultarei ali a minha morta.
14 Respondeu-lhe Efrom:
15 Meu senhor, ouve-me: um terreno que vale quatrocentos siclos de prata, que é isso entre mim e ti? Sepulta ali a tua morta.
16 Tendo Abraão ouvido isso a Efrom, pesou-lhe a prata, de que este lhe falara diante dos filhos de Hete, quatrocentos siclos de prata, moeda corrente entre os mercadores.
17 Assim o campo de Efrom, que estava em Macpela, fronteira a Manre, o campo, a caverna e todo o arvoredo que nele havia, e todo o limite ao redor,
18 Se confirmaram por posse a Abraão, na presença dos filhos de Hete, de todos os que entravam pela porta da sua cidade.
19 Depois sepultou Abraão a Sara, sua mulher, na caverna do campo de Macpela, fronteiro a Manre, que é Hebrom, na terra de Canaã.

20 E assim, pelos filhos de Hete, se confirmou a Abraão o direito do campo e da caverna que nele estava, em posse de sepultura.

Abraão manda seu servo buscar uma mulher para Isaque

24 Era Abraão já idoso, bem avançado em anos; e o Senhor em tudo o havia abençoado.
2 Disse Abraão ao seu mais antigo servo da casa, que governava tudo o que possuía: Põe a tua mão por baixo da minha coxa,
3 para que eu te faça jurar pelo Senhor Deus do céu e da terra, que não tomarás esposa para meu filho das filhas dos cananeus, entre os quais habito;
4 mas irás à minha parentela, e daí tomarás esposa para Isaque, meu filho.
5 Disse-lhe o servo: Talvez não queira a mulher seguir-me para esta terra; nesse caso, levarei teu filho à terra donde saíste?
6 Respondeu-lhe Abraão: Cautela! Não faças voltar para lá meu filho.

7 O Senhor, Deus do céu, que me tirou da casa de meu pai e de minha terra natal, e que me falou e jurou, dizendo: A tua descendência darei esta terra; ele enviará o seu anjo, que te há de preceder, e tomarás de lá esposa para meu filho.

8 Caso a mulher não queira seguir-te, ficarás desobrigado do teu juramento; entretanto, não levarás para lá meu filho.

9 Com isso pôs o servo a mão por baixo da coxa de Abraão, seu senhor, e jurou fazer segundo o resolvido.

10 Tomou o servo dez dos camelos do seu senhor e, levando consigo de todos os bens dele, levantou-se e partiu, rumo da Mesopotâmia para a cidade de Naor.

11 Fora da cidade, fez ajoelhar os camelos junto a um poço de água, à tarde, hora em que as moças saem a tirar água.

12 E disse consigo: Ó Senhor, Deus de meu senhor Abraão, rogo-te que me acudas hoje e uses de bondade para com o meu senhor Abraão!

13 Eis que estou ao pé da fonte de água, e as filhas dos homens desta cidade saem para tirar água;
14 dá-me, pois, que a moça a quem eu disser: Inclina o cântaro para que eu beba; e ela me responder: Bebe, e darei ainda de beber aos teus camelos, seja a que designaste para o teu servo Isaque; e nisso verei que usaste de bondade para com meu senhor.

O encontro de Rebeca

15 Considerava ele ainda, quando saiu Rebeca, filha de Betuel, filho de Milca, mulher de Naor, irmão de Abraão, trazendo um cântaro ao ombro.
16 A moça era mui formosa de aparência, virgem, a quem nenhum homem havia possuído; ela desceu à fonte, encheu o seu cântaro e subiu.
17 Então o servo saiu-lhe ao encontro, e disse: Dá-me de beber um pouco da água do teu cântaro.

18 Ela respondeu: Bebe, meu senhor. E, prontamente, baixando o cântaro para a mão, lhe deu de beber.

19 Acabando ela de dar a beber, disse: Tirarei água também para os teus camelos, até que todos bebam.

20 E, apressando-se em despejar o cântaro no bebedouro, correu outra vez ao poço para tirar mais água; tirou-a e deu-a a todos os camelos.

21 O homem a observava, em silêncio, atentamente, para saber se teria o Senhor levado a bom termo a sua jornada, ou não.

22 Tendo os camelos acabado de beber, tomou o homem um pendente de ouro de meio siclo de peso, e duas pulseiras para as mãos dela, do peso de dez siclos de ouro;

23 e lhe perguntou: De quem és filha? Peço-te que me digas. Haverá em casa de teu pai lugar em que eu fique, e a comitiva?

24 Ela respondeu: Sou filha de Betuel, filho de Milca, o qual ela deu à luz a Naor.

25 E acrescentou: Temos palha e muito pasto, e lugar para passar a noite.

26 Então se inclinou o homem e adorou o Senhor.

27 E disse: Bendito seja o Senhor Deus de meu senhor Abraão, que não retirou a sua benignidade e a sua verdade de meu senhor; quanto a mim, estando no caminho, o Senhor me guiou à casa dos parentes de meu senhor.

28 E a moça correu e contou aos da casa de sua mãe todas essas cousas.

29 Ora, Rebeca tinha um irmão, chamado Labão; este correu ao encontro do homem junto à fonte.

30 Pois, quando viu o pendente, e as pulseiras nas mãos de sua irmã, tendo ouvido as palavras de Rebeca, sua irmã, que dizia: Assim me falou o homem; foi Labão ter com ele, o qual estava em pé junto aos camelos, junto à fonte.

31 E lhe disse: Entra, bendito do Senhor, por que estás aí fora? Pois já preparei a casa, e o lugar para os camelos.

32 Então fez entrar o homem; descarregaram-lhe os camelos e lhes deram forragem e pasto; deu-se-lhe água para lavar os pés, e também aos homens que estavam com ele.

33 Diante dele puseram comida; porém ele disse: Não comerei enquanto não expuser o propósito a que venho. Labão respondeu-lhe: Dize.

34 Então disse: Sou servo de Abraão.

35 O Senhor tem abençoado muito ao meu senhor, e ele se tornou grande: deu-lhe ovelhas e bois, e prata e ouro, e servos e servas, e camelos e jumentos.

36 Sara, mulher do meu senhor, era já idosa quando lhe deu à luz um filho; a este deu ele tudo quanto tem.

37 E meu senhor me fez jurar, dizendo: Não tomarás esposa para meu filho das mulheres dos cananeus, em cuja terra habito;

38 porém irás à casa de meu pai, e à minha família, e tomarás esposa para meu filho.

39 Respondi ao meu senhor: Talvez não queira a mulher seguir-me.

40 Ele me disse: O Senhor, em cuja presença eu ando, enviará contigo o seu anjo, e levará a bom termo a tua jornada, para que, da minha família e da casa de meu pai, tomes esposa para meu filho.

41 Então serás desobrigado do meu juramento, quando fores à minha família; se não ta derem, desobrigado estarás do meu juramento.

42 Hoje, pois, cheguei à fonte, e disse comigo: Ó Senhor, Deus de meu senhor Abraão! se me levas a bom termo a jornada em que sigo,

43 eis-me agora junto à fonte de água: A moça que sair para tirar água, a quem eu disser: Dá-me um pouco de água do teu cântaro;

44 e ela me responder: Bebe, e também tirarei água para os teus camelos; seja essa a mulher que o Senhor designou para o filho de meu senhor.

45 Considerava ainda eu assim, no meu íntimo, quando saiu Rebeca trazendo o seu cântaro ao ombro, desceu à fonte e tirou água. E eu lhe disse: Peço-te que me dês de beber.

46 Ela se apressou e, baixando o cântaro do ombro, disse: Bebe, e também darei de beber aos teus camelos. Bebi, e ela deu de beber aos camelos.

47 Daí lhe perguntei: De quem és filha? Ela respondeu: Filha de Betuel, filho de Naor e Milca. Então lhe pus o pendente no nariz e as pulseiras nas mãos.

48 E, prostrando-me, adorei ao Senhor, e bendisse ao Senhor, Deus do meu senhor Abraão, que me havia conduzido por um caminho direito, a fim de tomar para o filho do meu senhor uma filha do seu parente.

49 Agora, pois, se haveis de usar de benevolência e de verdade para com o meu senhor, fazei-mo saber; se não, declarai-mo, para que eu vá, ou para a direita, ou para a esquerda.

50 Então responderam Labão e Betuel: Isto procede do Senhor, nada temos a dizer fora da sua verdade.

51 Eis Rebeca na tua presença; toma-a, e vai-te: seja ela a mulher do filho do teu senhor, segundo a palavra do Senhor.

O casamento de Isaque e Rebeca

52 Tendo ouvido o servo de Abraão tais palavras, prostrou-se em terra diante do Senhor; **53** e tirou jóias de ouro e de prata, e vestidos, e os deu a Rebeca; também deu ricos presentes a seu irmão e a sua mãe.

54 Depois comeram e beberam, ele e os homens que estavam com ele, e passaram a noite. De madrugada, quando se levantaram, disse o servo: Permiti que eu volte ao meu senhor.

55 Mas o irmão e a mãe da moça disseram: Fique ela ainda conosco alguns dias, pelo menos dez; e depois irá.

56 Ele, porém, lhes disse: Não me detenhais, pois o Senhor me tem levado a bom termo na jornada; permiti que eu volte ao meu senhor.

57 Disseram: Chamemos a moça e ouçamo-la pessoalmente.

58 Chamaram, pois, a Rebeca, e lhe perguntaram: Queres ir com este homem? Ela respondeu: Irei.

59 Então despediram a Rebeca, sua irmã, e a sua ama, e ao servo de Abraão, e a seus homens.

60 Abençoaram a Rebeca e lhe disseram: És nossa irmã: sê tu a mãe de milhares de milhares, e que a tua descendência possua a porta dos seus inimigos.

61 Então se levantou Rebeca com suas moças e, montando nos camelos, seguiram o homem. O servo tomou a Rebeca, e partiu.

62 Ora, Isaque vinha de caminho de Beer-Laai-Roi, porque habitava na terra do Neguebe.

63 Saíra Isaque a meditar no campo, ao cair da tarde; erguendo os olhos, viu, e eis que vinham camelos.

64 Também Rebeca levantou os olhos e, vendo a Isaque, apeou do camelo,

65 e perguntou ao servo: Quem é aquele homem que vem pelo campo ao nosso encontro? É o meu senhor, respondeu. Então tomou ela o véu e se cobriu.

66 O servo contou a Isaque todas as cousas que havia feito.

67 Isaque conduziu-a até à tenda de Sara, mãe dele, e tomou a Rebeca, e esta lhe foi por mulher. Ele a amou: assim foi Isaque consolado depois da morte de sua mãe.

Descendentes de Abraão e Quetura

25 Desposou Abraão outra mulher: chamava-se Quetura.
2 Ela lhe deu à luz a Zinrá, Jocsã, Medã, Midiã, Jisbaque e Sua.
3 Jocsã gerou a Sabá e a Dedã; os filhos de Dedã foram: Assurim, Letusim e Leumim.
4 Os filhos de Midiã foram: Efá, Efer, Enoque, Abida e Elda. Todos estes foram filhos de Quetura.
5 Abraão deu tudo o que possuía a Isaque.
6 Porém aos filhos das concubinas que tinha, deu ele presentes e, ainda em vida, os separou de seu filho Isaque, enviando-os para a terra oriental.

A morte de Abraão

7 Foram os dias da vida de Abraão cento e setenta e cinco anos,
8 expirou Abraão: morreu em ditosa velhice, avançado em anos; e foi reunido ao seu povo.
9 Sepultaram-no Isaque e Ismael, seus filhos, na caverna de Macpela, no campo de Efrom, filho de Zoar, o heteu, fronteira a Manre.
10 O campo que Abraão comprara aos filhos de Hete. Ali foram sepultados Abraão e Sara, sua mulher.
11 Depois da morte de Abraão Deus abençoou a Isaque, seu filho; Isaque habitava junto a Beer-Laai-Roi.

Descendentes de Ismael

12 São estas as gerações de Ismael, filho de Abraão, que Hagar egípcia, serva de Sara, lhe deu à luz.

13 E estes os filhos de Ismael, pelos seus nomes, segundo o seu nascimento: o primogênito de Ismael foi Nebaiote, depois Quedar, Adbeel, Mibsão,
14 Misma, Dumá, Massá,
15 Hedade, Tema, Jetur, Nafis e Quedemá.
16 São estes os filhos de Ismael, e estes os seus nomes pelas suas vilas e pelos seus acampamentos: doze príncipes de seus povos.
17 E os anos da vida de Ismael foram cento e trinta e sete; e morreu, e foi reunido ao seu povo.
18 Habitaram desde Havilá até Sur, que olha para o Egito, como quem vai para a Assíria. Ele se estabeleceu fronteiro a todos os seus irmãos.

Descendentes de Isaque

19 São estas as gerações de Isaque, filho de Abraão: Abraão gerou a Isaque;
20 era Isaque de quarenta anos, quando tomou por esposa a Rebeca, filha de Betuel,

o arameu de Padã-Arã, e irmã de Labão, o arameu.

21 Isaque orou ao Senhor por sua mulher, porque ela era estéril; e o Senhor lhe ouviu as orações, e Rebeca, sua mulher, concebeu.

22 Os filhos lutavam no ventre dela; então disse: Se é assim por que vivo eu? E consultou ao Senhor.

23 Respondeu-lhe o Senhor: Duas nações há no teu ventre, dois povos, nascidos de ti, se dividirão: um povo será mais forte que o outro, e o mais velho servirá ao mais moço.

24 Cumpridos os dias para que desse à luz, eis que se achavam gêmeos no seu ventre.

25 Saiu o primeiro, ruivo, todo revestido de pêlo; por isso lhe chamaram Esaú.

26 Depois nasceu o irmão; segurava com a mão o calcanhar de Esaú; por isso lhe chamaram Jacó. Era Isaque de sessenta anos, quando Rebeca lhos deu à luz.

Esaú vende o seu direito de primogenitura

27 Cresceram os meninos. Esaú saiu perito caçador, homem do campo; Jacó, porém, homem pacato, habitava em tendas.
28 Isaque amava a Esaú, porque saboreava sua caça; Rebeca, porém, amava a Jacó.
29 Tinha Jacó feito um cozido, quando, esmorecido, veio do campo Esaú.
30 E lhe disse: Peço-te que me deixes comer um pouco desse cozido vermelho, pois estou esmorecido. Daí chamar-se Edom.
31 Disse Jacó: Vende-me primeiro o teu direito de primogenitura.
32 Ele respondeu: Estou a ponto de morrer; de que me aproveitará o direito de primogenitura?
33 Então disse Jacó: Jura-me primeiro. Ele jurou, e vendeu o seu direito de primogenitura a Jacó.
34 Deu, pois, Jacó a Esaú pão e o cozido de lentilhas; ele comeu e bebeu, levantou-se e saiu. Assim desprezou Esaú o seu direito de primogenitura.

Isaque na terra dos filisteus

26 Sobrevindo fome à terra, além da primeira havida nos dias de Abraão, foi Isaque a Gerar, avistar-se com Abimeleque, rei dos filisteus.
2 Apareceu-lhe o Senhor, e disse: Não desças ao Egito. Fica na terra que eu te disser;
3 habita nela, e serei contigo e te abençoarei; porque a ti, e a tua descendência darei todas estas terras, e confirmarei o juramento que fiz a Abraão, teu pai.
4 Multiplicarei a tua descendência como as estrelas dos céus, e lhe darei todas estas terras. Na tua descendência serão abençoadas todas as nações da terra:
5 porque Abraão obedeceu à minha palavra e guardou os meus mandados, os meus preceitos, os meus estatutos e as minhas leis.
6 Isaque, pois, ficou em Gerar.
7 Perguntando-lhe os homens daquele lugar a respeito de sua mulher, disse: É minha irmã; pois temia dizer: É minha mulher; para que, dizia ele consigo, os homens

do lugar não me matem por amor de Rebeca, porque era formosa de aparência.

8 Ora, tendo Isaque permanecido ali por muito tempo, Abimeleque, rei dos filisteus, olhando da janela, viu que Isaque acariciava a Rebeca, sua mulher.

9 Então Abimeleque chamou a Isaque e lhe disse: É evidente que ela é tua esposa; como, pois, disseste: É minha irmã? Respondeu-lhe Isaque: Porque eu dizia: Para que eu não morra por causa dela.

10 Disse Abimeleque: Que é isso que nos fizeste? Facilmente algum do povo teria abusado de tua mulher, e tu, trazido sobre nós grave delito;

11 E deu esta ordem a todo o povo: Qualquer que tocar a este homem ou à sua mulher, certamente morrerá.

12 Semeou Isaque naquela terra e, no mesmo ano, recolheu cento por um, porque o Senhor o abençoava.

13 Enriqueceu-se o homem, prosperou, ficou riquíssimo;

14 possuía ovelhas e bois, e grande número de servos, de maneira que os filisteus lhe tinham inveja.

15 E, por isso, lhe entulharam todos os poços que os servos de seu pai haviam cavado, nos dias de Abraão, enchendo-os de terra.

16 Disse Abimeleque a Isaque: Aparta-te de nós, porque já és muito mais poderoso do que nós.

17 Então Isaque saiu dali e acampou no vale de Gerar, onde habitou.

18 E tornou Isaque a abrir os poços que se cavaram nos dias de Abraão, seu pai (porque os filisteus os haviam entulhado depois da morte de Abraão), e lhes deu os mesmos nomes que já seu pai lhes havia posto.

19 Cavaram os servos de Isaque no vale, e acharam um poço de água nascente.

20 Mas os pastores de Gerar contenderam com os pastores de Isaque, dizendo: Esta água é nossa. Por isso chamou o poço de Eseque, porque contenderam com ele.

21 Então cavaram outro poço, e também por causa desse contenderam; por isso recebeu o nome de Sitna.
22 Partindo dali, cavou ainda outro poço; e, como por esse não contenderam, chamou-lhe Reobote, e disse: Porque agora nos deu lugar o Senhor, e prosperaremos na terra.
23 Dali subiu para Berseba.
24 Na mesma noite lhe apareceu o Senhor, e disse: Eu sou o Deus de Abraão, teu pai. Não temas porque eu sou contigo; abençoar-te-ei, e multiplicarei a tua descendência por amor de Abraão, meu servo.
25 Então levantou ali um altar e, tendo invocado o nome do Senhor, armou a sua tenda; e os servos de Isaque abriram ali um poço.

Isaque faz aliança com Abimeleque

26 De Gera foram ter com ele Abimeleque e seu amigo Ausate, e Ficol, comandante do seu Exército.

27 Disse-lhes Isaque: Por que viestes a mim, pois me odiais, e me expulsastes do vosso meio?

28 Eles responderam: Vimos claramente que o Senhor é contigo; então dissemos: Haja agora juramento entre nós e ti, e façamos aliança contigo.

29 Jura que nos não farás mal, como também não te havemos tocado, e como te fizemos somente o bem, e te deixamos ir em paz. Tu és agora o abençoado do Senhor.

30 Então Isaque lhes deu um banquete, e comeram e beberam.

31 Levantando-se de madrugada, juraram de parte a parte; Isaque os despediu, e eles se foram em paz.

32 Nesse mesmo dia vieram os servos de Isaque e, dando-lhe notícia do poço que tinham cavado, lhe disseram: Achamos água.

33 Ao poço chamou-se Seba; por isso Berseba é o nome daquela cidade até ao dia de hoje.

34 Tendo Esaú quarenta anos de idade, tomou por esposa a Judite, filha de Beeri, heteu, e a Basemate, filha de Elom, heteu. **35** Ambas se tornaram amargura de espírito para Isaque e para Rebeca.

Isaque abençoa a Jacó e a Esaú

27 Tendo envelhecido Isaque, e já não podendo ver, porque os olhos se lhe enfraqueciam, chamou a Esaú, seu filho mais velho, e lhe disse: Meu filho. Respondeu ele: Aqui estou.

2 Disse-lhe o pai: Estou velho e não sei o dia da minha morte.

3 Agora, pois, toma as tuas armas, a tua aljava e o teu arco, sai ao campo, e apanha para mim alguma caça,

4 e faze-me uma comida saborosa, como eu aprecio, e traze-ma para que eu coma, e te abençoe antes que eu morra.

5 Rebeca esteve escutando enquanto Isaque falava com Esaú, seu filho. E foi-se Esaú ao campo para apanhar a caça e trazê-la.

6 Então disse Rebeca a Jacó, seu filho: Ouvi teu pai falar com Esaú, teu irmão, assim:

7 Traze caça, e faze-me uma comida saborosa, para que eu coma e te abençoe diante do Senhor, antes que eu morra.

8 Agora, pois, meu filho, atende às minhas palavras com que te ordeno.

9 Vai ao rebanho, e traze-me dois bons cabritos; deles farei uma saborosa comida para teu pai, como ele aprecia;

10 levá-la-á a teu pai, para que a coma, e te abençoe, antes que morra.

11 Disse Jacó a Rebeca, sua mãe: Esaú, meu irmão, é homem cabeludo, e eu homem liso.

12 Dar-se-á o caso de meu pai me apalpar, e passarei a seus olhos por zombador: assim trarei sobre mim maldição, e não bênção.

13 Respondeu-lhe a mãe: Caia sobre mim essa maldição, meu filho; atende somente ao que eu te digo, vai, e traze-mos.

14 Ele foi, tomou-os e os trouxe a sua mãe, que fez uma saborosa comida, como o pai dele apreciava.

15 Depois tomou Rebeca a melhor roupa de Esaú, seu filho mais velho, roupa que tinha consigo em casa, e vestiu a Jacó, seu filho mais novo.

16 Com a pele dos cabritos cobriu-lhe as mãos e a lisura do pescoço.

17 Então entregou a Jacó, seu filho, a comida saborosa e o pão que havia preparado.

18 Jacó foi a seu pai, e disse: Meu pai! Ele respondeu: Fala. Quem és tu, meu filho?

19 Respondeu Jacó a seu pai: Sou Esaú, teu primogênito; fiz o que me ordenaste. Levanta-te, pois, assenta-te, e come da minha caça, para que me abençoes.

20 Disse Isaque a seu filho: Como é isso que a pudeste achar tão depressa, meu filho? Ele respondeu: Porque o Senhor, teu Deus, a mandou ao meu encontro.

21 Então disse Isaque a Jacó: Chega-te aqui, para que eu te apalpe, meu filho, e veja se és meu filho Esaú, ou não.

22 Jacó chegou-se a Isaque, seu pai, que o apalpou, e disse: A voz é de Jacó, porém as mãos são de Esaú.

23 E não o reconheceu, porque as mãos, com efeito, estavam peludas como as de seu irmão Esaú. E o abençoou.

24 E lhe disse: És meu filho Esaú mesmo? Ele respondeu: Eu sou.

25 Então disse: Chega isso para perto de mim, para que eu coma da caça de meu filho; para que eu te abençoe. Chegou-lho, e ele comeu; trouxe-lhe também vinho, e ele bebeu.

26 Então lhe disse Isaque, seu pai: Chega-te, e dá-me um beijo, meu filho.

27 Ele se chegou, e o beijou. Então o pai aspirou o cheiro da roupa dele, e o abençoou, e disse: Eis que o cheiro de meu filho é como o cheiro do campo, que o Senhor abençoou;

28 Deus te dê do orvalho do céu, e da exuberância da terra, e fartura de trigo e de mosto.

29 Sirvam-te povos, e nações te reverenciem: sê senhor de teus irmãos, e os filhos de tua mãe se encurvem a ti: maldito seja o que te amaldiçoar, e abençoado o que te abençoar.

30 Mal acabara Isaque de abençoar a Jacó, tendo este saído da presença de Isaque, seu pai, chega Esaú, seu irmão, da sua caçada.

31 E fez também ele uma comida saborosa, a trouxe a seu pai, e lhe disse: Levanta-te, meu pai, e come da caça de teu filho, para que me abençoes.

32 Perguntou-lhe Isaque, seu pai: Quem és tu? Sou Esaú, teu filho, o teu primogênito, respondeu.

33 Então estremeceu Isaque de violenta comoção, e disse: Quem é, pois, aquele que apanhou a caça e ma trouxe? Eu comi de tudo, antes que viesses, e o abençoei, e ele será abençoado.

34 Como ouvisse Esaú tais palavras de seu pai, bradou com profundo amargor, e lhe disse: Abençoa-me também a mim, meu pai!

35 Respondeu-lhe o pai: Veio teu irmão astuciosamente, e tomou a tua bênção.

36 Disse Esaú: Não é com razão que se chama ele Jacó? Pois já duas vezes me enganou: tirou-me o direito de primogenitura, e agora usurpa a bênção que era minha. Disse ainda: Não reservaste, pois, bênção nenhuma para mim?

37 Então respondeu Isaque a Esaú: Eis que o constituí em teu senhor, e todos os seus irmãos lhe dei por servos; de trigo e de mosto o apercebi; que me será dado fazer-te agora, meu filho?

38 Disse Esaú a seu pai: Acaso tens uma única bênção, meu pai? Abençoa-me, também a mim, meu pai. E, levantando Esaú a voz, chorou.

39 Então lhe respondeu Isaque, seu pai: Longe dos lugares férteis da terra será a tua habitação, e sem orvalho que cai do alto.

40 Viverás da tua espada, e servirás a teu irmão; quando, porém, te libertares, sacudirás o seu jugo da tua cerviz.

41 Passou Esaú a odiar a Jacó por causa da bênção, com que seu pai o tinha abençoado; e disse consigo: Vêm próximos os dias de luto por meu pai; então matarei a Jacó, meu irmão.

42 Chegaram aos ouvidos de Rebeca estas palavras de Esaú, seu filho mais velho; ela, pois, mandou chamar a Jacó, seu filho mais moço, e lhe disse: Eis que Esaú, teu irmão, se consola a teu respeito, resolvendo matar-te.

43 Agora, pois, meu filho, ouve o que te digo: Retira-te para a casa de Labão, meu irmão, em Harã;

44 fica com ele alguns dias, até que passe o furor de teu irmão,

45 e cesse o seu rancor contra ti, e se esqueça do que lhe fizeste. Então providenciarei, e te farei regressar de lá: por que hei de eu perder os meus dois filhos num só dia?

46 Disse Rebeca a Isaque: Aborrecida estou da minha vida por causa das filhas de Hete; se Jacó tomar esposa dentre as filhas de Hete, tais como estas, as filhas desta terra, de que me servirá a vida?

A fuga de Jacó

28 Isaque chamou a Jacó e, dando-lhe a sua bênção, lhe ordenou, dizendo: Não tomarás esposa dentre as filhas de Canaã.
2 Levanta-te, vai a Padã-Arã, à casa de Betuel, pai de tua mãe, e toma lá por esposa uma das filhas de Labão, irmão de tua mãe.
3 Deus Todo-poderoso te abençoe e te faça fecundo, e te multiplique para que venhas a ser uma multidão de povos;
4 e te dê a bênção de Abraão, a ti, e à tua descendência contigo, para que possuas a terra de tuas peregrinações, concedida por Deus a Abraão.
5 Assim despediu Isaque a Jacó, que se foi a Padã-Arã, à casa de Labão, filho de Betuel, o arameu, irmão de Rebeca, mãe de Jacó e de Esaú.
6 Vendo, pois, Esaú, que Isaque abençoara a Jacó, e o enviara a Padã-Arã, para tomar de lá esposa para si; e vendo que, ao abençoá-lo, lhe ordenara, dizendo: Não tomarás mulher dentre as filhas de Canaã;

7 e vendo, ainda, que Jacó, obedecendo a seu pai e a sua mãe, fora a Padã-Arã:
8 sabedor também de que Isaque, seu pai, não via com bons olhos as filhas de Canaã,
9 foi Esaú à casa de Ismael e, além das mulheres que já possuía, tomou por mulher a Maalate, filha de Ismael, filho de Abraão, irmã de Nebaiote.

A visão da escada

10 Partiu Jacó de Berseba e seguiu para Harã.
11 Tendo chegado a certo lugar, ali passou a noite, pois já era sol-posto; tomou uma das pedras do lugar, fê-la seu travesseiro, e se deitou ali mesmo para dormir.
12 E sonhou: Eis posta na terra uma escada, cujo topo atingia o céu; e os anjos de Deus subiam e desciam por ela.
13 Perto dele estava o Senhor, e lhe disse: Eu sou o Senhor, Deus de Abraão, teu pai,

e Deus de Isaque. A terra, em que agora estás deitado, eu ta darei, a ti, e à tua descendência.

14 A tua descendência será como o pó da terra; estender-te-ás para o Ocidente e para o Oriente, para o Norte, e para o Sul. Em ti e na tua descendência serão abençoadas todas as famílias da terra.

15 Eis que eu estou contigo, e te guardarei por onde quer que fores, e te farei voltar a esta terra, porque te não desampararei, até cumprir eu aquilo de que te hei referido.

16 Despertado Jacó do seu sono, disse: Na verdade o Senhor está neste lugar, e eu não o sabia.

17 E, temendo, disse: Quão temível é este lugar! É a casa de Deus, a porta dos céus.

A coluna de Betel

18 Tendo-se levantado Jacó, cedo, de madrugada, tomou a pedra que havia posto por travesseiro, e a erigiu em coluna, sobre cujo topo entornou azeite.

19 E ao lugar, cidade que outrora se chamava luz, deu o nome de Betel.

20 Fez também Jacó um voto, dizendo: Se Deus for comigo, e me guardar nesta jornada que empreendo, e me der pão para comer e roupa que me vista,

21 de maneira que eu volte em paz para a casa de meu pai, então o Senhor será o meu Deus;

22 e a pedra, que erigi por coluna, será a casa de Deus; e de tudo quanto me concederes, certamente eu te darei o dízimo.

Jacó encontra-se com Raquel

29 Pôs-se Jacó a caminho e foi à terra do povo do Oriente.

2 Olhou, e eis um poço no campo, e três rebanhos de ovelhas deitados junto dele; porque daquele poço davam de beber aos rebanhos; e havia grande pedra que tapava a boca do poço.

3 Ajuntavam-se ali todos os rebanhos, os pastores removiam a pedra da boca do poço, davam de beber às ovelhas, e tornavam a colocá-la no seu devido lugar.

4 Perguntou-lhes Jacó: Meus irmãos, donde sois? Responderam: Somos de Harã.

5 Perguntou-lhes: Conheceis a Labão, filho de Naor? Responderam: Conhecemos.

6 Ele está bom? perguntou ainda Jacó. Responderam: Está bom. Raquel, sua filha, vem vindo aí com as ovelhas.

7 Então lhes disse: É ainda pleno dia, não é tempo de se recolherem os rebanhos; dai de beber às ovelhas, e ide apascentá-las.

8 Não o podemos, responderam eles, enquanto não se ajuntarem todos os rebanhos, e seja removida a pedra da boca do poço, e lhes dermos de beber.

9 Falava-lhes ainda, quando chegou Raquel com as ovelhas de seu pai; porque era pastora.

10 Tendo visto Jacó a Raquel, filha de Labão, irmão de sua mãe, e as ovelhas de Labão, chegou-se, removeu a pedra da boca do poço, e deu de beber ao rebanho de Labão, irmão de sua mãe.

11 Feito isso, Jacó beijou a Raquel e, erguendo a voz, chorou.

12 Então contou Jacó a Raquel que ele era parente de seu pai, pois era filho de Rebeca; ela correu, e o comunicou a seu pai.

13 Tendo Labão ouvido as novas de Jacó, filho de sua irmã, correu-lhe ao encontro, abraçou-o, beijou-o e o levou para casa. E contou Jacó a Labão os acontecimentos de sua viagem.

14 Disse-lhe Labão: De fato, és meu osso e minha carne. E Jacó, pelo espaço de um mês, permaneceu com ele.

15 Depois disse Labão a Jacó: Acaso, por seres meu parente, irás servir-me de graça? Dize-me, qual será o teu salário?

16 Ora, Labão tinha duas filhas: Lia, a mais velha, e Raquel, a mais moça.

17 Lia tinha os olhos baços, porém Raquel era formosa de porte e de semblante.
18 Jacó amava a Raquel, e disse: Sete anos te servirei por tua filha mais moça, Raquel.
19 Respondeu Labão: Melhor é que eu ta dê, em vez de dá-la a outro homem; fica, pois, comigo.
20 Assim, por amor a Raquel, serviu Jacó sete anos; e estes lhe pareceram como poucos dias, pelo muito que a amava.

Lia e Raquel

21 Disse Jacó a Labão: Dá-me minha mulher, pois já venceu o prazo, para que me case com ela.
22 Reuniu, pois, Labão todos os homens do lugar, e deu um banquete.
23 À noite, conduziu a Lia, sua filha, e a entregou a Jacó. E coabitaram.
24 (Para serva de Lia, sua filha, deu Labão Zilpa, sua serva.)

25 Ao amanhecer viu que era Lia, por isso disse Jacó a Labão: Que é isso que me fizeste? Não te servi eu por amor a Raquel? Por que, pois, me enganaste?
26 Respondeu Labão: Não se faz assim em nossa terra, dar-se a mais nova antes da primogênita.
27 Decorrida a semana desta, dar-te-emos também a outra, pelo trabalho de mais sete anos que ainda me servirás.
28 Concordou Jacó, e se passou a semana desta; então Labão lhe deu por mulher Raquel, sua filha.
29 (Para serva de Raquel, sua filha, deu Labão a sua serva Bila.)
30 E coabitaram. Mas Jacó amava mais a Raquel do que a Lia; e continuou servindo a Labão por outros sete anos.

Os filhos de Jacó

31 Vendo o Senhor que Lia era desprezada, fê-la fecunda, ao passo que Raquel era estéril.

32 Concebeu, pois, Lia, e deu à luz um filho, a quem chamou Rúben, pois disse: O Senhor atendeu à minha aflição, por isso agora me amará meu marido.

33 Concebeu outra vez, e deu à luz um filho, e disse: Soube o Senhor que era preterida, e me deu mais este; chamou-lhe, pois, Simeão.

34 Outra vez concebeu Lia, e deu à luz um filho, e disse: Agora, desta vez, se unirá mais a mim meu marido, porque lhe dei à luz três filhos; por isso lhe chamou Levi.

35 De novo concebeu, e deu à luz um filho; então disse: Esta vez louvarei o Senhor. E por isso lhe chamou Judá; e cessou de dar à luz.

30 Vendo Raquel que não dava filhos a Jacó, teve ciúmes de sua irmã, e disse a Jacó: Dá-me filhos, senão morrerei.

2 Então Jacó se irou contra Raquel, e disse: Acaso estou eu em lugar de Deus que ao teu ventre impediu frutificar?

3 Respondeu ela: Eis aqui Bila, minha serva; coabita com ela, para que dê à luz e eu traga filhos ao meu colo, por meio dela.

4 Assim lhe deu a Bila, sua serva, por mulher; e Jacó a possuiu.

5 Bila concebeu e deu à luz um filho a Jacó.

6 Então disse Raquel: Deus me julgou e também me ouviu a voz e me deu um filho; portanto lhe chamou Dã.

7 Concebeu outra vez Bila serva de Raquel, e deu à luz o segundo filho a Jacó.

8 Disse Raquel: Com grandes lutas tenho competido com minha irmã, e logrei prevalecer: chamou-lhe, pois, Naftali.

9 Vendo Lia que ela mesma cessara de conceber, tomou também a Zilpa, sua serva, e deu-a a Jacó, por mulher.

10 Zilpa, serva de Lia, deu a Jacó um filho.

11 Disse Lia: Afortunada! e lhe chamou Gade.

12 Depois Zilpa, serva de Lia, deu segundo filho a Jacó.

13 Então disse Lia: É a minha felicidade! porque as filhas me terão por venturosa; e lhe chamou Aser.

14 Foi Rúben nos dias da ceifa do trigo, e achou mandrágoras no campo, e trouxe-as a Lia, sua mãe. Então disse Raquel a Lia: Dá-me das mandrágoras de teu filho.

15 Respondeu ela: Achas pouco o me teres levado o marido, tomarás também as mandrágoras de meu filho? Disse Raquel: Ele te possuirá esta noite, a troco das mandrágoras de teu filho.

16 À tarde, vindo Jacó do campo, saiu-lhe ao encontro Lia, e lhe disse: Esta noite me possuirás, pois eu te aluguei pelas mandrágoras de meu filho. E Jacó, naquela noite, coabitou com ela.

17 Ouviu Deus a Lia; ela concebeu e deu à luz o quinto filho.

18 Então disse Lia: Deus me recompensou, porque dei a minha serva a meu marido; e chamou-lhe Issacar.

19 E Lia, tendo concebido outra vez, deu a Jacó o sexto filho.

20 E disse: Deus me concedeu excelente dote; desta vez permanecerá comigo meu marido, porque lhe dei seis filhos: e lhe chamou Zebulom.

21 Depois disto deu à luz uma filha, e lhe chamou Dina.

22 Lembrou-se Deus de Raquel, ouviu-a e a fez fecunda.

23 Ela concebeu, deu à luz um filho, e disse: Deus me tirou o meu vexame.

24 E lhe chamou José, dizendo: Dê-me o Senhor ainda outro filho.

25 Tendo Raquel dado à luz a José, disse Jacó a Labão: Permite-me que eu volte ao meu lugar e à minha terra.

26 Dá-me as mulheres, e meus filhos, pelas quais eu te servi, e partirei; pois tu sabes quanto e de que maneira te servi.

Labão faz novo pacto com Jacó

27 Labão lhe respondeu: Ache eu mercê diante de ti: fica comigo. Tenho experimentado que o Senhor me abençoou por amor de ti.

28 E disse ainda: Fixa o teu salário, que te pagarei.
29 Disse-lhe Jacó: Tu sabes como te venho servindo e como cuidei do teu gado.
30 Porque o pouco que tinhas antes da minha vinda foi aumentado grandemente; e o Senhor te abençoou por meu trabalho. Agora, pois, quando hei de eu trabalhar também por minha casa?
31 Então Labão lhe perguntou: Que te darei? Respondeu Jacó: Nada me darás; tornarei a apascentar e a guardar o teu rebanho, se me fizeres isto:
32 passarei hoje por todo o teu rebanho, separando dele os salpicados e malhados, e todos os negros entre os cordeiros, e os malhados e salpicados entre as cabras; será isto o meu salário;
33 assim responderá por mim a minha justiça, no dia de amanhã, quando vieres ver o meu salário diante de ti; o que não for salpicado e malhado entre as cabras, e negro entre as ovelhas, esse, se for achado comigo, será tido por furtado.

34 Disse Labão: Pois assim seja, conforme a tua palavra.

35 Mas, naquele mesmo dia, separou Labão os bodes listrados e malhados e todas as cabras salpicadas e malhadas, todos os que tinham alguma brancura e todos os negros entre os cordeiros, e os passou às mãos de seus filhos.

36 E pôs a distância de três dias de jornada entre si e Jacó; e Jacó apascentava o restante dos rebanhos de Labão.

Jacó se enriquece

37 Tomou então Jacó varas verdes de álamo, de aveleira e de plátano, e lhes removeu a casca, em riscas abertas, deixando aparecer a brancura das varas.

38 As quais, assim escorchadas, pôs ele em frente do rebanho, nos canais de água e nos bebedouros, aonde os rebanhos vinham para dessedentar-se, e conceberam quando vinham a beber.

39 E concebia o rebanho diante das varas, e as ovelhas davam crias listradas, salpicadas e malhadas.

40 Então separou Jacó os cordeiros, e virou o rebanho para o lado dos listrados e dos pretos nos rebanhos de Labão; e pôs o seu rebanho à parte, e não o juntou com o rebanho de Labão.

41 E todas as vezes que concebiam as ovelhas fortes, punha Jacó as varas à vista do rebanho nos canais de água, para que concebessem diante das varas.

42 Porém, quando o rebanho era fraco, não as punha: assim as fracas eram de Labão, e as fortes de Jacó.

43 E o homem se tornou mais e mais rico; teve muitos rebanhos, e servas, e servos, e camelos e jumentos.

Jacó retorna à terra de seus pais

31 Então ouvia Jacó os comentários dos filhos de Labão, que diziam: Jacó se apossou de tudo o que era de nosso pai; e do que era de nosso pai juntou ele toda esta riqueza.

2 Jacó, por sua vez, reparou que o rosto de Labão não lhe era favorável, como anteriormente.

3 E disse o Senhor a Jacó: Torna à terra de teus pais, e à tua parentela; e eu serei contigo.

4 Então Jacó mandou vir Raquel e Lia ao campo, para junto do seu rebanho,

5 e lhes disse: Vejo que o rosto de vosso pai não me é favorável como anteriormente; porém o Deus de meu pai tem estado comigo.

6 Vós mesmas sabeis que com todo empenho tenho servido a vosso pai;

7 mas vosso pai me tem enganado, e por dez vezes me mudou o salário; porém Deus não lhe permitiu que me fizesse mal nenhum.

8 Se ele dizia: Os salpicados serão o teu salário, então todos os rebanhos davam salpicados; e se dizia: Os listrados serão o teu salário, então os rebanhos todos davam listrados.

9 Assim Deus tomou o gado de vosso pai, e mo deu a mim.

10 Pois, chegado o tempo em que o rebanho concebia, levantei os olhos e vi em sonhos que os machos, que cobriam as ovelhas, eram listrados, salpicados e malhados.

11 E o Anjo de Deus me disse em sonho: Jacó. Eu respondi: Eis-me aqui.

12 Ele continuou: Levanta agora os olhos e vê que todos os machos que cobrem o rebanho são listrados, salpicados e malhados, porque vejo tudo o que Labão te está fazendo.

13 Eu sou o Deus de Betel, onde ungiste uma coluna, onde me fizeste um voto; levanta-te agora, sai desta terra, e volta para a terra de tua parentela.

14 Então responderam Raquel e Lia, e lhe disseram: Há ainda para nós parte ou herança na casa de nosso pai?

15 Não nos considera ele como estrangeiras? pois nos vendeu, e consumiu tudo o que nos era devido.

16 Porque toda a riqueza que Deus tirou de nosso pai é nossa e de nossos filhos; agora, pois, faze tudo o que Deus te disse.
17 Então se levantou Jacó e, fazendo montar seus filhos e suas mulheres em camelos,
18 levou todo o seu gado e todos os seus bens que chegou a possuir; o gado de sua propriedade que acumulara em Padã-Arã, para ir a Isaque, seu pai, à terra de Canaã.
19 Tendo ido Labão fazer a tosquia das ovelhas, Raquel furtou os ídolos do lar que pertenciam a seu pai.
20 E Jacó logrou a Labão, o arameu, não lhe dando a saber que fugia.
21 E fugiu com tudo o que lhe pertencia; levantou-se, passou o Eufrates, e tomou o rumo da montanha de Gileade.

Labão segue no encalço de Jacó

22 No terceiro dia Labão foi avisado de que Jacó ia fugindo.

23 Tomando, pois, consigo a seus irmãos, saiu-lhe no encalço, por sete dias de jornada, e o alcançou na montanha de Gileade.
24 De noite, porém, veio Deus a Labão, o arameu, em sonhos, e lhe disse: Guarda-te, não fales a Jacó bem nem mal.
25 Alcançou, pois, Labão a Jacó. Este havia armado a sua tenda naquela montanha; também Labão armou a sua com seus irmãos, na montanha de Gileade.
26 E disse Labão a Jacó: Que fizeste, que me lograste, e levaste minhas filhas como cativas pela espada?
27 Por que fugiste ocultamente, e me lograste, e nada me fizeste saber, para que eu te despedisse com alegria, e com cânticos, e com tamborins e harpas?
28 E por que não me permitiste beijar meus filhos e minhas filhas? Nisso procedeste insensatamente.
29 Há poder em minhas mãos para vos fazer mal, mas o Deus de vosso pai me falou, ontem à noite, e disse: Guarda-te, não fales a Jacó nem bem nem mal.

30 E agora que partiste de vez, porque tens saudade da casa de teu pai, por que me furtaste os meus deuses?

31 Respondeu-lhe Jacó: Porque tive medo; pois calculei: Não suceda que me tome à força as suas filhas.

32 Não viva aquele com quem achares os teus deuses; verifica diante de nossos irmãos o que te pertence e que está comigo, e leva-o contigo. Pois Jacó não sabia que Raquel os havia furtado.

33 Labão, pois, entrou na tenda de Jacó, na de Lia e na das duas servas, porém não os achou. Tendo saído da tenda de Lia, entrou na de Raquel.

34 Ora, Raquel havia tomado os ídolos do lar e os pusera na sela de um camelo, e estava assentada sobre eles; apalpou Labão toda a tenda, e não os achou.

35 Então disse ela a seu pai: Não te agastes, meu senhor, por não poder eu levantar-me na tua presença; pois me acho com as regras das mulheres. Ele procurou, contudo não achou os ídolos do lar.

36 Então se irou Jacó, e altercou com Labão; e lhe disse: Qual é a minha transgressão? Qual o meu pecado, que tão furiosamente me tens perseguido?

37 Havendo apalpado todos os meus utensílios, que achaste de todos os utensílios de tua casa? Põe-nos aqui diante de meus irmãos e de teus irmãos, para que julguem entre mim e ti.

38 Vinte anos eu estive contigo, as tuas ovelhas e as tuas cabras nunca perderam as crias, e não comi os carneiros de teu rebanho.

39 Nem te apresentei o que era despedaçado pelas feras; sofri o dano; da minha mão o requerias, assim o furtado de dia, como de noite.

40 De maneira que eu andava, de dia consumido pelo calor, de noite, pela geada, e o meu sono me fugia dos olhos.

41 Vinte anos permaneci em tua casa; catorze anos te servi por tuas duas filhas, e seis anos por teu rebanho; dez vezes me mudaste o salário.

42 Se não fora o Deus de meu pai, o Deus de Abraão, e o Temor de Isaque, por certo me despedirias agora de mãos vazias. Deus me atendeu ao sofrimento, e ao trabalho das minhas mãos, e te repreendeu ontem à noite.

A aliança entre Labão e Jacó

43 Então respondeu Labão a Jacó: As filhas são minhas filhas, os filhos são meus filhos, os rebanhos são meus rebanhos, e tudo o que vês é meu; que posso fazer hoje a estas minhas filhas ou aos filhos que elas deram à luz?
44 Vem, pois; e façamos aliança eu e tu, que sirva de testemunho entre mim e ti.
45 Então Jacó tomou uma pedra, e a erigiu por coluna.
46 E disse a seus irmãos: Ajuntai pedras. E tomaram pedras, e fizeram um montão, ao lado do qual comeram.

47 Chamou-lhe Labão Jegar-Saaduta; Jacó, porém, lhe chamou Galeede.

48 E disse Labão: Seja hoje este montão por testemunha entre mim e ti; por isso se lhe chamou Galeede,

49 e Mispa, pois disse: Vigie o Senhor entre mim e ti, e nos julgue quando estivermos separados um do outro:

50 se maltratares as minhas filhas, e tomares outras mulheres além delas, não estando ninguém conosco: atenta que Deus é testemunha entre mim e ti.

51 Disse mais Labão a Jacó: Eis aqui este montão, e esta coluna que levantei entre mim e ti.

52 Seja o montão testemunha, e seja a coluna testemunha de que para mal não passarei o montão para lá, e tu não passarás o montão e a coluna para cá.

53 O Deus de Abraão, e o Deus de Naor, o Deus do pai deles julgue entre nós. E jurou Jacó pelo Temor de seu pai Isaque.

54 E ofereceu Jacó um sacrifício na montanha, e convidou seus irmãos para come-

rem pão; comeram pão e passaram a noite na montanha.
55 Tendo-se levantado Labão pela madrugada, beijou seus filhos e suas filhas, e os abençoou; e, partindo, voltou para sua casa.

32 Também Jacó seguiu o seu caminho, e anjos de Deus lhe saíram a encontrá-lo.
2 Quando os viu, disse: Este é o acampamento de Deus. E chamou àquele lugar Maanaim.

Jacó reconcilia-se com Esaú

3 Então Jacó enviou mensageiros adiante de si a Esaú, seu irmão, à terra de Seir, território de Edom,
4 e lhes ordenou: Assim falareis a meu senhor Esaú: Teu servo Jacó manda dizer isto: Como peregrino morei com Labão, em cuja companhia fiquei até agora.

5 Tenho bois, jumentos, rebanhos, servos e servas; mando comunicá-lo a meu senhor, para lograr mercê à sua presença.

6 Voltaram os mensageiros a Jacó, dizendo: Fomos a teu irmão Esaú; também ele vem de caminho para se encontrar contigo, e quatrocentos homens com ele.

7 Então Jacó teve medo e se perturbou; dividiu em dois bandos o povo que com ele estava, e os rebanhos, os bois e os camelos.

8 Pois disse: Se vier Esaú a um bando e o ferir, o outro bando escapará.

9 E orou Jacó: Deus de meu pai Abraão, e Deus de meu pai Isaque, ó Senhor, que me disseste: Torna à tua terra, e à tua parentela, e te farei bem;

10 sou indigno de todas as misericórdias e de toda a fidelidade, que tens usado para com teu servo; pois com apenas o meu cajado atravessei este Jordão; já agora sou dois bandos.

11 Livra-me das mãos de meu irmão Esaú, porque eu o temo, para que não venha ele matar-me, e as mães com os filhos.

12 E disseste: Certamente eu te farei bem, e dar-te-ei a descendência como a areia do mar, que, pela multidão, não se pode contar.
13 E, tendo passado ali aquela noite, separou do que tinha um presente para seu irmão Esaú:
14 duzentas cabras e vinte bodes, duzentas ovelhas e vinte carneiros;
15 trinta camelas de leite com suas crias, quarenta vacas e dez touros; vinte jumentas e dez jumentinhos.
16 Entregou-os às mãos dos seus servos, cada rebanho à parte, e disse aos servos: Passai adiante de mim, e deixai espaço entre rebanho e rebanho.
17 Ordenou ao primeiro, dizendo: Quando Esaú, meu irmão, te encontrar, e te perguntar: De quem és, para onde vais, de quem são estes diante de ti?
18 Responderás: São de teu servo Jacó; é presente que ele envia a meu senhor Esaú; e eis que ele mesmo vem vindo atrás de nós.
19 Ordenou também ao segundo, ao terceiro, e a todos os que vinham conduzindo

os rebanhos: Falareis desta maneira a Esaú, quando vos encontrardes com ele.

20 Direis assim: Eis que o teu servo Jacó vem vindo atrás de nós. Porque dizia consigo mesmo: Eu o aplacarei com o presente que me antecede, depois o verei; porventura me aceitará a presença.

21 Assim passou o presente para diante dele; ele, porém, ficou aquela noite no acampamento.

Jacó luta com Deus e transpõe o vau de Jaboque

22 Levantou-se naquela mesma noite, tomou suas duas mulheres, suas duas servas e seus onze filhos, e transpôs o vau de Jaboque.

23 Tomou-os e fê-los passar o ribeiro; fez passar tudo o que lhe pertencia,

24 ficando ele só; e lutava com ele um homem, até o romper do dia.

25 Vendo este que não podia com ele, tocou-lhe na articulação da coxa; deslocou-se a junta da coxa de Jacó, na luta com o homem.

26 Disse este: Deixa-me ir, pois já rompeu o dia. Respondeu Jacó: Não te deixarei ir, se me não abençoares.

27 Perguntou-lhe, pois: Como te chamas? Ele respondeu: Jacó.

28 Então disse: Já não te chamarás Jacó, e, sim, Israel: pois como príncipe lutaste com Deus e com os homens, e prevaleceste.

29 Tornou Jacó: Dize, rogo-te, como te chamas? Respondeu ele: Por que perguntas pelo meu nome? E o abençoou ali.

30 Àquele lugar chamou Jacó Peniel, pois disse: Vi a Deus face a face, e a minha vida foi salva.

31 Nasceu-lhe o sol, quando ele atravessava Peniel; e manquejava de uma coxa.

32 Por isso os filhos de Israel não comem, até hoje, o nervo do quadril, na articulação da coxa, porque o homem tocou a articulação da coxa de Jacó no nervo do quadril.

O encontro de Esaú e Jacó

33 Levantando Jacó os olhos viu que Esaú se aproximava, e com ele quatrocentos homens. Então passou os filhos a Lia, a Raquel e às duas servas.
2 Pôs as servas e seus filhos à frente, Lia e seus filhos atrás deles, e Raquel e José por últimos.
3 E ele mesmo, adiantando-se, prostrou-se à terra sete vezes, até aproximar-se de seu irmão.
4 Então Esaú correu-lhe ao encontro e o abraçou; arrojou-se-lhe ao pescoço, e o beijou; e choraram.
5 Daí, levantando os olhos, viu as mulheres e os meninos, e disse: Quem são estes contigo? Respondeu-lhe Jacó: os filhos com que Deus agraciou a teu servo.
6 Então se aproximaram as servas, elas e seus filhos, e se prostraram.
7 Chegaram também Lia e seus filhos, e se prostraram; por último chegaram José e Raquel, e se prostraram.

8 Perguntou Esaú: Qual é o teu propósito com todos esses bandos que encontrei? Respondeu Jacó: Para lograr mercê na presença de meu senhor.

9 Então disse Esaú: Eu tenho muitos bens, meu irmão; guarda o que tens.

10 Mas Jacó insistiu: Não recuses; se logrei mercê diante de ti, peço-te que aceites o meu presente, porquanto vi o teu rosto como se tivesse contemplado o semblante de Deus; e te agradaste de mim.

11 Peço-te, pois, recebe o meu presente, que eu te trouxe; porque Deus tem sido generoso para comigo, e tenho fartura. E instou com ele, até que o aceitou.

12 Disse Esaú: Partamos, e caminhemos; eu seguirei junto de ti.

13 Porém Jacó lhe disse: Meu senhor sabe que estes meninos são tenros, e tenho comigo ovelhas e vacas de leite; se forçadas a caminhar demais um só dia, morrerão todos os rebanhos.

14 Passe meu senhor adiante de seu servo; eu seguirei guiando-as pouco a pouco, no passo do gado que me vai à frente, e no passo dos meninos, até chegar a meu senhor em Seir.

15 Respondeu Esaú: Então permite que eu deixe contigo da gente que está comigo. Disse Jacó: Para quê? Basta que eu alcance mercê aos olhos de meu senhor.

16 Assim voltou Esaú aquele dia a Seir, pelo caminho por onde viera.

17 E Jacó partiu para Sucote, e edificou para si uma casa, e fez palhoças para o seu gado: por isso o lugar se chamou Sucote.

Jacó chega a Siquém

18 Voltando de Padã-Arã, chegou Jacó são e salvo à cidade de Siquém, que está na terra de Canaã; e armou a sua tenda junto da cidade.

19 A parte do campo, onde armara a sua tenda, ele a comprou dos filhos de Hamor, pai de Siquém, por cem peças de dinheiro.

20 E levantou ali um altar e lhe chamou: Deus, o Deus de Israel.

Dina e os Siquemitas

34 Ora, Dina, filha que Lia dera à luz a Jacó, saiu para ver as filhas da terra.
2 Viu-a Siquém, filho do heveu Hamor, que era príncipe daquela terra, e, tomando-a, a possuiu, e assim a humilhou.
3 Sua alma se apegou a Dina, filha de Jacó, e amou a jovem, e falou-lhe ao coração.
4 Então disse Siquém a Hamor, seu pai: Consegue-me esta jovem para esposa.
5 Quando soube Jacó que Dina, sua filha, fora violada por Siquém, estavam os seus filhos no campo com o gado; calou-se, pois, até que voltassem.
6 E saiu Hamor, pai de Siquém, para falar com Jacó.
7 Vindo os filhos de Jacó do campo, e ouvindo o que acontecera, indignaram-se e

muito se iraram, pois Siquém praticara um desatino em Israel, violentando a filha de Jacó; o que não se devia fazer.

8 Disse-lhes Hamor: A alma de meu filho Siquém está enamorada fortemente de vossa filha; peço-vos que lha deis por esposa.

9 Aparentai-vos conosco, dai-nos as vossas filhas, e tomai as nossas;

10 habitareis conosco, a terra estará ao vosso dispor; habitai e negociai nela, e nela tende possessões.

11 E o próprio Siquém disse ao pai e aos irmãos de Dina: Ache eu mercê diante de vós, e vos darei o que determinardes.

12 Majorai de muito o dote de casamento e as dádivas, e darei o que me pedirdes; dai-me, porém, a jovem por esposa.

13 Então os filhos de Jacó, por causa de lhes haver Siquém violado a irmã, Dina, responderam como dolo a Siquém e a seu pai Hamor, e lhes disseram:

14 Não podemos fazer isso, dar nossa irmã a um homem incircunciso; porque isso nos seria ignomínia.

15 Sob uma única condição permitiremos: que vos torneis como nós, circuncidando-se todo macho entre vós;

16 então vos daremos nossas filhas, tomaremos para nós as vossas, habitaremos convosco, e seremos um só povo.

17 Se, porém, não nos ouvirdes, e não vos circundardes, tomaremos a nossa filha, e nos retiraremos embora.

18 Tais palavras agradaram a Hamor e a Siquém, seu filho.

19 Não tardou o jovem em fazer isso, porque amava a filha de Jacó; e era o mais honrado de toda a casa de seu pai.

20 Vieram, pois, Hamor e Siquém, seu filho, à porta da sua cidade, e falaram aos homens da cidade:

21 Estes homens são pacíficos para conosco, portanto habitem na terra e negociem nela. A terra é bastante espaçosa para contê-los; recebamos por mulheres a suas filhas e demos-lhes também as nossas.

22 Somente, porém, consentirão os homens em habitar conosco, tornando-nos um só

povo, se todo macho entre nós se circuncidar, como eles são circuncidados.
23 O seu gado, as suas possessões, e todos os seus animais não serão nossos? Consintamos, pois, com eles, e habitarão conosco.
24 E deram ouvidos a Hamor e a Siquém, seu filho, todos os que saíam da porta da cidade; e todo homem foi circuncidado, dos que saíam pela porta da sua cidade.

A traição de Simeão e Levi

25 Ao terceiro dia, quando os homens sentiam mais forte a dor, dois filhos de Jacó, Simeão e Levi, irmãos de Dina, tomaram cada um a sua espada, entraram inesperadamente na cidade e mataram os homens todos.
26 Passaram também ao fio da espada a Hamor e a seu filho Siquém; tomaram a Dina da casa de Siquém, e saíram.
27 Sobrevieram os filhos de Jacó aos mortos e saquearam a cidade, porque sua irmã fora violada.

28 Levaram deles os rebanhos, os bois, os jumentos, e o que havia na cidade e no campo;
29 Todos os seus bens, e todos os seus meninos, e as suas mulheres, levaram cativos, e pilharam tudo o que havia nas casas.
30 Então disse Jacó a Simeão e a Levi: Vós me afligistes e me fizestes odioso entre os moradores desta terra, entre os cananeus e os ferezeus; sendo nós pouca gente, reunir-se-ão contra mim e serei destruído, eu e minha casa.
31 Responderam: Abusaria ele de nossa irmã, como se fosse prostituta?

Jacó erige um altar em Betel

35 Disse Deus a Jacó: Levanta-te, sobe a Betel, e habita ali; faze ali um altar ao Deus que te apareceu, quando fugias da presença de Esaú, teu irmão.
2 Então disse Jacó à sua família, e a todos os que com ele estavam: Lançai fora os deu-

ses estranhos, que há no vosso meio, purificai-vos, e mudai as vossas vestes;

3 levantemo-nos, e subamos a Betel. Farei ali um altar ao Deus que me respondeu no dia da minha angústia e me acompanhou no caminho por onde andei.

4 Então deram a Jacó todos os deuses estrangeiros que tinham em mãos, e as argolas que lhes pendiam das orelhas; e Jacó os escondeu debaixo do carvalho que está junto a Siquém.

5 E, tendo eles partido, o terror de Deus invadiu as cidades que lhes eram circunvizinhas, e não perseguiram aos filhos de Jacó.

6 Assim chegou Jacó a Luz, chamada Betel, que está na terra de Canaã, ele e todo o povo que com ele estava.

7 E edificou ali um altar, e ao lugar chamou El-Betel; porque ali Deus se lhe revelou, quando fugia da presença de seu irmão.

8 Morreu Débora, a ama de Rebeca, e foi sepultada ao pé de Betel, debaixo do carvalho que se chama Alom-Bacute.

9 Vindo Jacó de Padã-Arã, outra vez lhe apareceu Deus, e o abençoou.

10 Disse-lhe Deus: O teu nome é Jacó. Já não te chamarás Jacó, porém Israel será o teu nome. E lhe chamou Israel.

11 Disse-lhe mais: Eu sou o Deus Todo-poderoso; sê fecundo, e multiplica-te; uma nação e multidão de nações sairão de ti, e reis procederão de ti.

12 A terra que dei a Abraão e a Isaque, dar-te-ei a ti e, depois de ti, à tua descendência.

13 E Deus se retirou dele, elevando-se do lugar onde lhe falara.

14 Então Jacó erigiu uma coluna de pedra no lugar onde Deus falara com ele: e derramou sobre ela uma libação, e lhe deitou óleo.

15 Ao lugar onde Deus lhe falara, Jacó lhe chamou Betel.

O nascimento de Benjamim e a morte de Raquel

16 Partiram de Betel e, havendo ainda pequena distância para chegar a Efrata, deu à luz Raquel um filho, cujo nascimento lhe foi penoso.

17 Em meio às dores do parto, disse-lhe a parteira: Não temas, pois ainda terás este filho.

18 Ao sair-lhe a alma (porque morreu), deu-lhe o nome de Benoni; mas seu pai lhe chamou Benjamim.

19 Assim morreu Raquel, e foi sepultada no caminho de Efrata, que é Belém.

20 Sobre a sepultura de Raquel levantou Jacó uma coluna que existe até o dia de hoje.

21 Então partiu Israel e armou a sua tenda além da torre de Eder.

22 E aconteceu que, habitando Israel naquela terra, foi Rúben e se deitou com Bila, concubina de seu pai; e Israel o soube. Eram doze os filhos de Israel.

Descendentes de Jacó

23 Rúben, o primogênito de Jacó, Simeão, Levi, Judá, Issacar e Zebulom, filhos de Lia;

24 José e Benjamim, filhos de Raquel;
25 Dã e Naftali, filhos de Bila, serva de Raquel;
26 e Gade e Aser, filhos de Zilpa, serva de Lia. São estes os filhos de Jacó, que lhe nasceram em Padã-Arã.
27 Veio Jacó a Isaque, seu pai, a Manre, a Quiriate-Arba (que é Hebrom), onde peregrinaram Abraão e Isaque.
28 Foram os dias de Isaque cento e oitenta anos.
29 Velho e farto de dias, expirou Isaque e morreu, sendo recolhido ao seu povo: e Esaú e Jacó, seus filhos, o sepultaram.

Os descendentes de Esaú

36 São estes os descendentes de Esaú, que é Edom.
2 Esaú tomou por mulheres dentre as filhas de Canaã: Ada, filha de Elom, heteu, Oolibama, filha de Aná, filho de Zibeão, heveu,

3 e a Basemate, filha de Ismael, irmão de Nebaiote.

4 A Ada de Esaú lhe nasceu Elífaz, a Basemate lhe nasceu Reuel;

5 E a Oolibama nasceram Jeús, Jalão e Coré; são estes os filhos de Esaú, que lhe nasceram na terra de Canaã.

6 Levou Esaú suas mulheres, e seus filhos, e suas filhas, e todas as pessoas de sua casa, e seu rebanho, e todo o seu gado, e toda propriedade, tudo que havia adquirido na terra de Canaã; e se foi para outra terra, apartando-se de Jacó, seu irmão.

7 Porque os bens deles eram muitos para habitarem juntos; e a terra de suas peregrinações não os podia sustentar por causa do seu gado.

8 Então Esaú, que é Edom, habitou no monte de Seir.

9 Esta é a descendência de Esaú, pai dos Idumeus, no monte de Seir.

10 São estes os nomes dos filhos de Esaú: Edifaz, filho de Ada, mulher de Esaú; Reuel, filho de Basemate, mulher de Esaú.

11 Os filhos de Elifaz são: Temã, Omar, Zefô, Gaetã e Quenaz.

12 Timna era concubina de Elifaz, filho de Esaú, e teve de Elifaz a Amaleque: são estes os filhos de Ada, mulher de Esaú.

13 E os filhos de Reuel são estes: Naate, Zerá, Samá e Mizá: estes foram os filhos de Basemate, mulher de Esaú.

14 E são estes os filhos de Oolibama, filha de Aná, filho de Zibeão, mulher de Esaú; e deu a Esaú: Jeús, Jaião e Coré.

15 São estes os príncipes dos filhos de Esaú: os filhos de Elifaz, o primogênito de Esaú: o príncipe Temã, o príncipe Omar, o príncipe Zefô, o príncipe Quenaz,

16 o príncipe Coré, o príncipe Gaetã, o príncipe Amaleque; são estes os príncipes que nasceram a Elifaz na terra de Edom: são os filhos de Ada.

17 São estes os filhos de Reuel, filho de Esaú: o príncipe Naate, o príncipe Zerá, o príncipe Samá, o príncipe Mizá: são estes os príncipes que nasceram a Reuel na terra de Edom: são os filhos de Basemate, mulher de Esaú.

18 São estes os filhos de Oolibama, mulher de Esaú: o príncipe Jeús, o príncipe Jafão, o príncipe Coré; são estes os príncipes que procederam de Oolibama, filha de Aná, mulher de Esaú.

19 São estes os filhos de Esaú, e esses seus príncipes; ele é Edom.

Descendentes de Seir

20 São estes os filhos de Seir, o horeu, moradores da terra: Lotã, Sobal, Zibeão e Aná,
21 Disom, Eser e Disã; são estes os príncipes dos horeus, filhos de Seir na terra de Edom.
22 Os filhos de Lotã são: Hori e Homã, a irmã de Lotã é Timna.
23 São estes os filhos de Sobal: Alvã, Manaate, Ebal, Sefô e Onã.
24 Estes os filhos de Zibeão: Aiá e Aná; este é o Aná que achou as fontes termais

no deserto, quando apascentava os jumentos de Zibeão, seu pai.

25 São estes os filhos de Aná: Disom e Oolibama, a filha de Aná.

26 São estes os filhos de Disã: Hendã, Esbã, Itrã e Querã.

27 São estes os filhos de Eser: Bilã, Zaavã e Acã.

28 São estes os filhos de Disã: Uz e Anã.

29 São estes os príncipes dos horeus: o príncipe Lotã, o príncipe Sobal, o príncipe Zibeão, o príncipe Aná,

30 O príncipe Disom, o príncipe Eser, o príncipe Disã: são estes os príncipes dos horeus, segundo os seus principados na terra de Seir.

Reis e príncipes de Edom

31 São estes os reis que reinaram na terra de Edom, antes que houvesse rei sobre os filhos de Israel.

32 Em Edom reinou Bela, filho de Beor, e o nome da sua cidade era Dinabá.

33 Morreu Bela e, em seu lugar, reinou Jobabe, filho de Zerá de Bozra.
34 Morreu Jobabe e, em seu lugar, reinou Husão, da terra dos temanitas.
35 Morreu Husão e, em seu lugar, reinou Hadade, filho de Bedade, o que feriu a Midiã no campo de Moabe: o nome da sua cidade era Avite.
36 Morreu Hadade e, em seu lugar, reinou Samiá, de Masreca.
37 Morreu Samiá e, em seu lugar, reinou Saul de Reobote, junto ao Eufrates.
38 Morreu Saul e, em seu lugar, reinou Baal-Hanã, filho de Acbor.
39 Morreu Baal-Hanã, filho de Acbor, e, em seu lugar, reinou Hadar; o nome de sua cidade era Pau; e o de sua mulher era Meetabel, filha de Matrede, filha de Me-Zaabe.
40 São estes os nomes dos príncipes de Esaú, segundo as famílias, os seus lugares e os seus nomes: o príncipe Timna, o príncipe Alva, o príncipe Jetete,
41 o príncipe Oolibama, o príncipe Elá, o príncipe Pinom,

42 O príncipe Quenaz, o príncipe Temã, o príncipe Mibzar,
43 O príncipe Magdiel e o príncipe Irã: são estes os príncipes de Edom, segundo as suas habitações na terra da sua possessão. Este é Esaú, pai de Edom.

José, vendido pelos irmãos

37 Habitou Jacó na terra das peregrinações de seu pai, na terra de Canaã.
2 Esta é a história de Jacó: Tendo José dezessete anos, apascentava os rebanhos com seus irmãos; sendo ainda jovem, acompanhava os filhos de Bila e os filhos de Zilpa, mulheres de seu pai; e trazia más notícias deles a seu pai.
3 Ora, Israel amava mais a José que a todos seus filhos, porque era filho da sua velhice; e fez-lhe uma túnica talar de mangas compridas.
4 Vendo, pois, seus irmãos, que o pai o amava mais que a todos os outros filhos,

odiaram-no e já não lhe podiam falar pacificamente.

5 Teve José um sonho, e o relatou a seus irmãos; por isso o odiaram ainda mais.

6 Pois lhe disse: Rogo-vos, ouvi este sonho que tive:

7 Atávamos feixes no campo, e eis que o meu feixe se levantou e ficou em pé; e os vossos feixes o rodeavam e se inclinavam perante o meu.

8 Então lhe disseram seus irmãos: Reinarás, com efeito, sobre nós? E sobre nós dominarás realmente? E com isso tanto mais o odiavam, por causa dos seus sonhos e de suas palavras.

9 Teve ainda outro sonho, e o referiu a seus irmãos, dizendo: Sonhei também que o sol, a lua e onze estrelas se inclinavam perante mim.

10 Contando-o a seu pai e a seus irmãos, repreendeu-o o pai e lhe disse: Que sonho é esse que tiveste? Acaso viremos, eu e tua mãe e teus irmãos, a inclinar-nos perante ti em terra?

11 Seus irmãos lhe tinham ciúmes; o pai, no entanto, considerava o caso consigo mesmo.
12 E, como foram os irmãos apascentar o rebanho do pai, em Siquém,
13 perguntou Israel a José: Não apascentam teus irmãos o rebanho em Siquém? Vem, enviar-te-ei a eles. Respondeu-lhe José: Eis-me aqui.
14 Disse-lhe Israel: Vai, agora, e vê se vão bem teus irmãos, e o rebanho; e traze-me notícias. Assim o enviou do vale de Hebrom, e ele foi a Siquém.
15 E um homem encontrou a José, que andava errante pelo campo, e lhe perguntou: Que procuras?
16 Respondeu: Procuro meus irmãos; dize-me: onde apascentam eles o rebanho?
17 Disse-lhe o homem: Foram-se daqui, pois ouvi-os dizer: Vamos a Dotã. Então seguiu José atrás dos irmãos, e os achou em Dotã.
18 De longe o viram e, antes que chegasse, conspiraram contra ele para o matar.

19 E dizia um ao outro: Vem lá o tal sonhador!
20 Vinde, pois, agora, matemo-lo, e lancemo-lo numa destas cisternas; e diremos: Um animal selvagem o comeu; e vejamos em que lhe darão os sonhos.
21 Mas Rúben, ouvindo isso, livrou-o das mãos deles, e disse: Não lhe tiremos a vida.
22 Também lhes disse Rúben: Não derrameis sangue; lançai-o nesta cisterna, que está no deserto, e não ponhais mão sobre ele; isto disse para o livrar deles, a fim de o restituir ao pai.
23 Mas, logo que chegou José a seus irmãos, despiram-no da túnica, a túnica talar de mangas compridas que trazia.
24 E, tomando-o, o lançaram na cisterna, vazia, sem água.
25 Ora, sentando-se para comer pão, olharam e viram que uma caravana de ismaelitas vinha de Gileade; seus camelos traziam arômatas, bálsamo e mirra, que levavam para o Egito.

26 Então disse Judá a seus irmãos: De que nos aproveita matar o nosso irmão e esconder-lhe o sangue?

27 Vinde, vendamo-lo aos ismaelitas; não ponhamos sobre ele a nossa mão, pois é nosso irmão e nossa carne. Seus irmãos concordaram.

28 E, passando os mercadores midianitas, os irmãos de José o alçaram e o tiraram da cisterna e o venderam por vinte siclos de prata, aos ismaelitas; estes levaram José ao Egito.

29 Tendo Rúben voltado à cisterna, eis que José não estava nela; então rasgou as suas vestes.

30 E, voltando a seus irmãos, disse: Não está lá o menino; e eu para onde irei?

31 Então tomaram a túnica de José, mataram um bode e a molharam no sangue.

32 E enviaram a túnica talar de mangas compridas, fizeram-na levar a seu pai, e lhe disseram: Achamos isto; vê se é ou não a túnica de teu filho.

33 Ele a reconheceu, e disse: É a túnica de meu filho; um animal selvagem o terá comido, certamente José foi despedaçado.
34 Então Jacó rasgou as suas vestes e se cingiu de pano de saco e lamentou o filho por muitos dias.
35 Levantaram-se todos os seus filhos e todas as suas filhas, para o consolarem; ele, porém, recusou ser consolado, e disse: Chorando, descerei a meu filho até à sepultura. E de fato o chorou seu pai.
36 Entrementes os midianitas venderam José no Egito a Potifar, oficial de Faraó, comandante da guarda.

Judá e Tamar

38 Aconteceu, por esse tempo, que Judá se apartou de seus irmãos, e se hospedou na casa de um adulamita, chamado Hira.
2 Ali viu Judá a filha de um cananeu, chamado Sua; ele a tomou por mulher e a possuiu.

3 E ela concebeu e deu à luz um filho, e o pai lhe chamou Er.

4 Tornou a conceber e deu à luz um filho; a este deu a mãe o nome de Onã.

5 Continuou ainda e deu à luz outro filho, cujo nome foi Selá; ela estava em Quezibe, quando o teve.

6 Judá, pois, tomou esposa para Er, o seu primogênito; o nome dela era Tamar.

7 Er, porém, o primogênito de Judá, era perverso perante o Senhor, pelo que o Senhor o fez morrer.

8 Então disse Judá a Onã: Possui a mulher de teu irmão, cumpre o levirato e suscita descendência a teu irmão.

9 Sabia, porém, Onã, que o filho não seria tido por seu, e todas as vezes que possuía a mulher de seu irmão deixava o sêmen cair na terra, para não dar descendência a seu irmão.

10 Isso, porém, que fazia, era mau perante o Senhor, pelo que também a este fez morrer.

11 Então disse Judá a Tamar, sua nora: Permanece viúva em casa de teu pai, até que

Selá, meu filho, venha a ser homem. Pois disse: Para que não morra também este, como seus irmãos. Assim Tamar se foi, passando a residir em casa de seu pai.

12 No correr do tempo morreu a filha de Sua, mulher de Judá; e, consolado Judá, subiu aos tosquiadores de suas ovelhas, em Timna, ele e seu amigo Hira, o adulamita.

13 E o comunicaram a Tamar: Eis que o teu sogro sobe a Timna, para tosquiar as ovelhas.

14 Então ela despiu as vestes de sua viuvez e, cobrindo-se com um véu, se disfarçou e se assentou à entrada de Enaim, no caminho de Timna; pois via que Selá já era homem e ela não lhe fora dada por mulher.

15 Vendo-a Judá, teve-a por meretriz; pois ela havia coberto o rosto.

16 Então se dirigiu a ela no caminho, e lhe disse: Vem, deixa-me possuir-te; porque não sabia que era sua nora. Ela respondeu: Que me darás para coabitares comigo?

17 Ele respondeu: Enviar-te-ei um cabrito do rebanho. Perguntou ela: Dar-me-ás penhor até que o mandes?

18 Respondeu ele: Que penhor te darei? Ela disse: O teu selo, o teu cordão e o cajado que seguras. Ele, pois, lhos deu, e a possuiu; e ela concebeu dele.

19 Levantou-se ela e se foi; tirou de sobre si o véu, e tornou às vestes da sua viuvez.

20 Enviou Judá o cabrito, por mão do adulamita, seu amigo, para reaver o penhor da mão da mulher; porém não a encontrou.

21 Então perguntou aos homens daquele lugar: Onde está a prostituta cultual que se achava junto ao caminho de Enaim? Responderam: Aqui não esteve meretriz nenhuma.

22 Tendo voltado a Judá, disse: Não a encontrei; e também os homens do lugar me disseram: Aqui não esteve prostituta cultual nenhuma.

23 Respondeu Judá: Que ela o guarde para si, para que não nos tornemos em opróbrio; mandei-lhe, com efeito, o cabrito, todavia não a achaste.

24 Passados quase três meses, foi dito a Judá: Tamar, tua nora, adulterou, pois está grávida. Então disse Judá: Tirai-a fora para que seja queimada.

25 Em tirando-a, mandou ela dizer a seu sogro: Do homem de quem são estas cousas eu concebi. E disse mais: Reconhece de quem é este selo, e este cordão, e este cajado.

26 Reconheceu-os Judá, e disse: Mais justa é ela do que eu, porquanto não a dei a Selá, meu filho. E nunca mais a possuiu.

27 E aconteceu que, estando ela para dar à luz, havia gêmeos no seu ventre.

28 Ao nascerem, um pôs a mão fora, e a parteira, tomando-a, lhe atou um fio encarnado, e disse: Este saiu primeiro.

29 Mas, recolhendo ele a mão, saiu o outro; e ela disse: Como rompeste saída? E lhe chamaram Perez.

30 Depois lhe saiu o irmão, em cuja mão estava o fio encarnado; e lhe chamaram Zera.

José na casa de Potifar

39 José foi levado ao Egito, e Potifar, oficial de Faraó, comandante da guarda, egípcio, comprou-o dos ismaelitas que o tinham levado para lá.

2 O Senhor era com José que veio a ser homem próspero; e estava na casa de seu senhor egípcio.

3 Vendo Potifar que o Senhor era com ele, e que tudo o que ele fazia o Senhor prosperava em suas mãos,

4 logrou José mercê perante ele, a quem servia; e ele o pôs por mordomo de sua casa, e lhe passou às mãos tudo o que tinha.

5 E, desde que o fizera mordomo de sua casa e sobre tudo o que tinha, o Senhor abençoou a casa do egípcio por amor de José; a bênção do Senhor estava sobre tudo o que tinha, assim em casa como no campo.

6 Potifar tudo o que tinha confiou às mãos de José, de maneira que, tendo-o por mordomo, de nada sabia, além do pão com que se alimentava. José era formoso de porte e de aparência.

7 Aconteceu, depois destas cousas, que a mulher de seu senhor pôs os olhos em José e lhe disse: Deita-te comigo.

8 Ele, porém, recusou, e disse à mulher do seu senhor: Tem-me por mordomo o meu senhor, e não sabe do que há em casa, pois tudo o que tem me passou ele às minhas mãos.

9 Ele não é maior do que eu nesta casa, e nenhuma cousa me vedou, senão a ti, porque és sua mulher; como, pois, cometeria eu tamanha maldade, e pecaria contra Deus?

10 Falando ela a José todos os dias, e não lhe dando ele ouvidos, para se deitar com ela, e estar com ela,

11 sucedeu que, certo dia, veio ele a casa, para atender aos negócios; e ninguém dos de casa se achava presente.

12 Então ela o pegou pelas vestes e lhe disse: Deita-te comigo; ele, porém, deixando as vestes nas mãos dela, saiu, fugindo para fora.

13 Vendo ela que ele fugira para fora, mas havia deixado as vestes nas mãos dela,

14 chamou pelos homens de sua casa, e lhes disse: Vede, trouxe-nos meu marido este hebreu para insultar-nos; veio até mim para se deitar comigo; mas eu gritei em alta voz.

15 Ouvindo ele que eu levantava a voz e gritava, deixou as vestes ao meu lado e saiu, fugindo para fora.

16 Conservou ela junto de si as vestes dele, até que o seu senhor tornou a casa.

17 Então lhe falou, segundo as mesmas palavras, e disse: O servo hebreu, que nos trouxeste, veio ter comigo para insultar-me;

18 quando, porém, levantei a voz e gritei, ele, deixando as vestes ao meu lado, fugiu para fora.

19 Tendo o senhor ouvido as palavras de sua mulher, como lhe havia dito: Desta maneira me fez o teu servo, então se lhe acendeu a ira.

20 E o senhor de José o tomou e o lançou no cárcere, no lugar onde os presos do rei estavam encarcerados; ali ficou ele na prisão.

21 O Senhor, porém, era com José, e lhe foi benigno, e lhe deu mercê perante o carcereiro,

22 o qual confiou às mãos de José todos os presos que estavam no cárcere; e ele fazia tudo quanto se devia fazer ali.

23 E nenhum cuidado tinha o carcereiro de todas as cousas que estavam nas mãos de José, portanto o Senhor era com ele, e tudo o que ele fazia o Senhor prosperava.

José na prisão interpreta dois sonhos

40 Passadas estas cousas, aconteceu que o mordomo do rei do Egito e o padeiro ofenderam o seu senhor, o rei do Egito.

2 Indignou-se Faraó contra os seus dois oficiais, o copeiro-chefe e o padeiro-chefe.

3 E mandou detê-los na casa do comandante da guarda, no cárcere onde José estava preso.

4 O comandante da guarda pô-los a cargo de José, para que os servisse; e por algum tempo estiveram na prisão.

5 E ambos sonharam, cada um o seu sonho, na mesma noite; cada sonho com a

sua própria significação, o copeiro e o padeiro do rei do Egito, que se achavam encarcerados.
6 Vindo José, pela manhã, viu-os, e eis que estavam turbados.
7 Então perguntou aos oficiais de Faraó, que com ele estavam no cárcere da casa do seu senhor: Por que tendes, hoje, triste o semblante?
8 Eles responderam: Tivemos um sonho, e não há quem o possa interpretar. Disse-lhes José: Porventura não pertencem a Deus as interpretações? Contai-me o sonho.

O sonho do mordomo-chefe

9 Então o copeiro-chefe contou o seu sonho a José, e lhe disse: Em meu sonho havia uma videira perante mim.
10 E na videira, três ramos; ao brotar a vide, havia flores, e seus cachos produziam uvas maduras.

11 O copo de Faraó estava na minha mão; tomei as uvas e as espremi no copo de Faraó, e o dei na própria mão de Faraó.

12 Então lhe disse José: Esta é a sua interpretação: os três ramos são três dias;

13 dentro ainda de três dias Faraó te reabilitará, e te reintegrará no teu cargo, e tu lhe darás o copo na própria mão dele, segundo o costume antigo, quando lhes era copeiro.

14 Porém lembra-te de mim, quando tudo te correr bem; e rogo-te que sejas bondoso para comigo, e faças menção de mim a Faraó, e me faças sair desta casa;

15 porque, de fato, fui roubado da terra dos hebreus; e, aqui, nada fiz, para que me pusessem nesta masmorra.

O sonho do padeiro-chefe

16 Vendo o padeiro-chefe que a interpretação era boa, disse a José: Eu também sonhei, e eis que três cestos de pão alvo me estavam sobre a cabeça;

17 e no cesto mais alto havia de todos os manjares de Faraó, arte de padeiro; e as aves os comiam do cesto na minha cabeça.

18 Então lhe disse José: A interpretação é esta: os três cestos são três dias;

19 dentro ainda de três dias Faraó te tirará fora a cabeça, e te pendurará num madeiro, e as aves te comerão as carnes.

20 No terceiro dia, que era aniversário de nascimento de Faraó, deu este um banquete a todos os seus servos; e, no meio destes, reabilitou o copeiro-chefe, e condenou o padeiro-chefe.

21 Ao copeiro-chefe reintegrou no seu cargo, no qual dava o copo na mão de Faraó;

22 mas ao padeiro-chefe enforcou, como José havia interpretado.

23 O copeiro-chefe, todavia, não se lembrou de José, porém dele se esqueceu.

José interpreta os sonhos do Faraó

41 Passados dois anos completos Faraó teve um sonho. Parecia-lhe achar-se ele de pé junto ao Nilo.
2 Do rio subiam sete vacas formosas à vista, e gordas, e pastavam nos juncos.
3 Após elas subiam do rio outras sete vacas, feias à vista, e magras; e pararam junto às primeiras, na margem do rio.
4 As vacas feias à vista, e magras, comiam as sete formosas à vista, e gordas. Então acordou Faraó.
5 Tornando a dormir sonhou outra vez: De uma haste saíam sete espigas cheias e boas.
6 E após elas nasciam sete espigas mirradas, crestadas do vento oriental.
7 As espigas mirradas devoravam as sete espigas grandes e cheias. Então acordou Faraó. Fora isto um sonho.
8 De manhã, achando-se ele de espírito perturbado, mandou chamar todos os magos do Egito, e todos os seus sábios, e lhes con-

tou os sonhos; mas ninguém havia que lhos interpretasse.

9 Então disse a Faraó o copeiro-chefe: Lembro-me hoje das minhas ofensas:

10 Estando Faraó mui indignado contra os seus servos, e pondo-me sob prisão na casa do comandante da guarda, a mim e ao padeiro-chefe,

11 tivemos um sonho na mesma noite, eu e ele; sonhamos, e cada sonho com a sua própria significação.

12 Achava-se conosco um jovem hebreu, servo do comandante da guarda; contamos-lhe os nossos sonhos, e ele no-los interpretou, a cada um segundo o seu sonho.

13 E como nos interpretou, assim mesmo se deu: eu fui restituído ao meu cargo, o outro foi enforcado.

14 Então Faraó mandou chamar a José, e o fizeram sair à pressa da masmorra; ele se barbeou, mudou de roupa, e foi apresentar-se a Faraó.

15 Este lhe disse: Tive um sonho, e não há quem o interprete. Ouvi dizer, porém, a teu respeito que, quando ouves um sonho, podes interpretá-lo.
16 Respondeu-lhe José: Não está isso em mim; mas Deus dará resposta favorável a Faraó.
17 Então contou Faraó a José: No meu sonho, estava eu de pé na margem do Nilo,
18 e eis que subiam dele sete vacas gordas e formosas à vista, e pastavam nos juncos.
19 Após estas subiam outras vacas, fracas, mui feias à vista, e magras; nunca vi outras assim disformes, em toda a terra do Egito.
20 E as vacas magras e ruins comiam as primeiras sete gordas;
21 e depois de as terem engolido, não davam aparência de as terem devorado, pois o seu aspecto continuava ruim como no princípio. Então acordei.
22 Depois vi, em meu sonho, que sete espigas saíam da mesma haste, cheias e boas;
23 Após elas nasceram sete espigas secas, mirradas e crestadas do vento oriental.

24 As sete espigas mirradas devoravam as sete espigas boas. Contei-o aos magos, mas ninguém houve que mo interpretasse.

25 Então lhe respondeu José: O sonho de Faraó é apenas um; Deus manifestou a Faraó o que há de fazer.

26 As sete vacas boas serão sete anos; as sete espigas boas, também sete anos: o sonho é um só.

27 As sete vacas magras e feias, que subiam após as primeiras, serão sete anos, bem como as sete espigas mirradas e crestadas do vento oriental serão sete anos de fome.

28 Esta é a palavra, como acabo de dizer a Faraó, que Deus manifestou a Faraó que ele há de fazer.

29 Eis, aí vêm sete anos de grande abundância por toda a terra do Egito.

30 Seguir-se-ão sete anos de fome, e toda aquela abundância será esquecida na terra do Egito, e a fome consumirá a terra;

31 e não será lembrada a abundância na terra, em vista da fome que seguirá, porque será gravíssima.

32 O sonho de Faraó foi dúplice, porque a cousa é estabelecida por Deus, e Deus se apressa a fazê-la.

33 Agora, pois, escolha Faraó um homem ajuizado e sábio, e o ponha sobre a terra do Egito.

34 Faça isso, Faraó, e ponha administradores sobre a terra, e tome a quinta parte dos frutos da terra do Egito nos sete anos de fartura.

35 Ajuntem os administradores toda a colheita dos bons anos que virão, recolham cereal debaixo do poder de Faraó, para mantimento nas cidades, e o guardem.

36 Assim o mantimento será para abastecer a terra nos sete anos da fome, que haverá no Egito; para que a terra não pereça de fome.

José como governador do Egito

37 O conselho foi agradável a Faraó e a todos os seus oficiais.

38 Disse Faraó aos seus oficiais: Acharíamos, porventura, homem como este, em que há o espírito de Deus?

39 Depois disse Faraó a José: Visto que Deus te fez saber tudo isto, ninguém há tão ajuizado e sábio como tu.

40 Administrarás a minha casa, e à tua palavra obedecerá todo o meu povo; somente no trono eu serei maior do que tu.

41 Disse mais Faraó a José: Vês que te faço autoridade sobre toda a terra do Egito.

42 Então tirou Faraó o seu anel de sinete da mão e o pôs na mão de José, fê-lo vestir roupas de linho fino e lhe pôs ao pescoço um colar de ouro.

43 E fê-lo subir ao seu segundo carro, e clamavam diante dele: Inclinai-vos. Desse modo o constituiu sobre toda a terra do Egito.

44 Disse ainda Faraó a José: Eu sou Faraó; contudo, sem a tua ordem ninguém levantará mão ou pé em toda a terra do Egito.

45 E a José chamou Faraó de Zafenate-Panéia, e lhe deu por mulher a Azenate, filha de Potífera, sacerdote de Om; e percorreu José toda a terra do Egito.

46 Era José da idade de trinta anos, quando se apresentou a Faraó, rei do Egito, e andou por toda a terra do Egito.

47 Nos sete anos de fartura a terra produziu abundantemente.

48 E ajuntou José todo o mantimento que houve na terra do Egito durante os sete anos, e o guardou nas cidades; o mantimento do campo ao redor de cada cidade foi guardado na mesma cidade.

49 Assim ajuntou José muitíssimo cereal, como a areia do mar, até perder a conta, porque ia além das medidas.

50 Antes de chegar a fome, nasceram dois filhos a José, os quais lhe deu Azenate, filha de Potífera, sacerdote de Om.

51 José ao primogênito chamou de Manassés, pois disse: Deus me fez esquecer de todos os meus trabalhos, e de toda a casa de meu pai.

52 Ao segundo chamou-lhe Efraim, pois disse: Deus me fez próspero na terra da minha aflição.

53 Passados os sete anos de abundância, que houve na terra do Egito,

54 começaram a vir os sete anos de fome, como José havia predito; e havia fome em todas as terras, mas em toda a terra do Egito havia pão.

55 Sentindo toda a terra do Egito a fome, clamou o povo a Faraó por pão, e Faraó dizia a todos os egípcios: Ide a José; o que ele vos disser, fazei.

56 Havendo, pois, fome sobre toda a terra, abriu José todos os celeiros, e vendia aos egípcios; porque a fome prevaleceu na terra do Egito.

57 E todas as terras vinham ao Egito, para comprar de José, porque a fome prevaleceu em todo o mundo.

Os irmãos de José descem ao Egito

42 Sabedor Jacó de que havia mantimento no Egito, disse a seus filhos: Por que estais aí a olhar uns para os outros?
2 E ajuntou: Tenho ouvido que há cereais no Egito; descei até lá, e comprai-nos deles, para que vivamos e não morramos.
3 Então desceram dez dos irmãos de José, para comprar cereal do Egito.
4 A Benjamim, porém, irmão de José, não enviou Jacó na companhia dos irmãos, porque dizia: Para que não lhe suceda, acaso, algum desastre.
5 Entre os que iam, pois, para lá, foram também os filhos de Israel; porque havia fome na terra de Canaã.
6 José era governador daquela terra; era ele quem vendia a todos os povos da terra; e os irmãos de José vieram e se prostraram, rosto em terra, perante ele.
7 Vendo José a seus irmãos, reconheceu-os, porém não se deu a conhecer, e lhes falou

asperamente, e lhes perguntou: Donde vindes? Responderam: Da terra de Canaã, para comprar mantimento.

8 José reconheceu os irmãos, porém eles não o reconheceram.

9 Então se lembrou José dos sonhos que tivera a respeito deles, e lhes disse: Vós sois espiões, e viestes para ver os pontos fracos da terra.

10 Responderam-lhe: Não, senhor meu; mas vieram os teus servos para comprar mantimento.

11 Somos todos filhos de um mesmo homem; somos homens honestos; os teus servos não são espiões.

12 Ele, porém, lhes respondeu: Nada disso; pelo contrário, viestes para os pontos fracos da terra.

13 Eles disseram: Nós, teus servos, somos doze irmãos, filhos de um homem na terra de Canaã; o mais novo está hoje com nosso pai, outro já não existe.

14 Então lhes falou José: É como já vos disse: sois espiões.

15 Nisto sereis provados: Pela vida de Faraó, daqui não saireis, sem que primeiro venha o vosso irmão mais novo.
16 Enviai um dentre vós, que traga vosso irmão; vós ficareis detidos para que sejam provadas as vossas palavras, se há verdade no que dizeis; ou se não, pela vida de Faraó, sois espiões.
17 E os meteu juntos em prisão três dias.
18 Ao terceiro dia disse-lhes José: Fazei o seguinte, e vivereis, pois temo a Deus.
19 Se sois homens honestos, fique detido um de vós na casa da vossa prisão; vós outros ide, levai cereal para suprir a fome das vossas casas.
20 E trazei-me vosso irmão mais novo, com o que serão verificadas as vossas palavras, e não morrereis. E eles se dispuseram a fazê-lo.
21 Então disseram uns aos outros: Na verdade, somos culpados, no tocante a nosso irmão, pois lhe vimos a angústia da alma, quando nos rogava, e não lhe acudimos; por isso nos vem esta ansiedade.

22 Respondeu-lhes Rúben: Não vos disse eu: Não pequeis contra o jovem? E não me quisestes ouvir. Pois vedes aí que se requer de nós o seu sangue.
23 Eles, porém, não sabiam que José os entendia, porque lhes falava por intérprete.
24 E, retirando-se deles, chorou; depois, tornando, lhes falou; tomou a Simeão dentre eles e o algemou na presença deles.

Os irmãos de José regressam do Egito

25 Ordenou José que lhes enchessem os sacos de cereal, e lhes restituíssem o dinheiro, a cada um no seu saco, e os suprissem de comida para o caminho; e assim lhes foi feito.
26 E carregaram o cereal sobre os seus jumentos, e partiram dali.
27 Abrindo um deles o seu saco, para dar de comer ao seu jumento na estalagem, deu com o dinheiro na boca do saco.
28 Então disse aos irmãos: Devolveram o meu dinheiro; aqui está na boca do meu

saco. Desfaleceu-lhes o coração, e, atemorizados, entreolhavam-se, dizendo: Que é isto que Deus nos fez?

29 E vieram para Jacó, seu pai, na terra de Canaã, e lhe contaram tudo o que lhes acontecera, dizendo:

30 O homem, o senhor da terra, falou conosco asperamente, e nos tratou como espiões da terra.

31 Dissemos-lhe: Somos homens honestos; não somos espiões;

32 somos doze irmãos, filhos de um mesmo pai; um já não existe, e o mais novo está hoje com nosso pai na terra de Canaã.

33 Respondeu-nos o homem, o senhor da terra: Nisto conhecerei que sois homens honestos: deixai comigo um de vossos irmãos, tomai o cereal para remediar a fome de vossas casas, e parti;

34 trazei-me vosso irmão mais novo; assim saberei que não sois espiões, mas homens honestos. Então vos entregarei vosso irmão, e negociareis na terra.

35 Aconteceu que, despejando eles os seus sacos, eis que cada um tinha a sua trouxinha de dinheiro no saco; e viram as trouxinhas com seu dinheiro, eles e seu pai, e temeram.
36 Então lhes disse Jacó, seu pai: Tendes-me privado de filhos: José já não existe, Simeão não está aqui, e ides levar a Benjamim! Todas estas cousas me sobrevêm.
37 Mas Rúben disse a seu pai: Mata os meus dois filhos, se to não tornar a trazer; entrega-mo, e eu to restituirei.
38 Ele, porém, disse: Meu filho não descerá convosco; seu irmão é morto, e ele ficou só; se lhe sucede algum desastre no caminho por onde fordes, fareis descer minhas cãs com tristeza à sepultura.

Os irmãos de José descem outra vez ao Egito

43 A fome persistia gravíssima na terra.
2 Tendo eles acabado de consumir o cereal que trouxeram do Egito, disse-lhes seu pai:

Voltai, comprai-nos um pouco de mantimento.

3 Mas Judá lhe respondeu: Fortemente nos protestou o homem, dizendo: Não me vereis o rosto, se o vosso irmão não vier convosco.

4 se resolveres enviar conosco o nosso irmão, desceremos, e te compraremos mantimento;

5 Se, porém, não o enviares, não desceremos; pois o homem nos disse: Não me vereis o rosto, se o vosso irmão não vier convosco.

6 Disse-lhes Israel: Por que me fizestes esse mal, dando a saber àquele homem que tínheis outro irmão?

7 Responderam eles: O homem nos perguntou particularmente por nós, e pela nossa parentela, dizendo: Vive ainda vosso pai? tendes outro irmão? Respondemos-lhe segundo as suas palavras. Acaso poderíamos adivinhar que haveria de dizer: Trazei vosso irmão?

8 Com isto disse Judá a Israel, seu pai: Envia o jovem comigo, e nos levantaremos e iremos; para que vivamos e não morramos, nem nós, nem tu, nem os nossos filhinhos.

9 Eu serei responsável por ele, da minha mão o requererás; se eu to não trouxer e não to puser à presença, serei culpado para contigo para sempre.

10 Se não nos tivéssemos demorado já estaríamos, com certeza, de volta pela segunda vez.

11 Respondeu-lhes Israel, seu pai: Se é tal, fazei, pois, isso; tomai do mais precioso desta terra em vossos sacos, e levai de presente a esse homem: um pouco de bálsamo e um pouco de mel, arômatas e mirra, nozes de pistache e amêndoas;

12 levai também dinheiro em dobro; e o dinheiro restituído na boca dos sacos, tornai a levá-lo convosco: pode bem ser que fosse engano.

13 Levai também vosso irmão, levantai-vos, e voltai àquele homem:

14 Deus Todo-poderoso vos dê misericórdia perante o homem, para que vos restitua o vosso outro irmão e deixe vir Benjamim. Quanto a mim, se eu perder os filhos, sem filhos ficarei.

José hospeda seus irmãos

15 Tomaram, pois, os homens os presentes, o dinheiro em dobro, e a Benjamim; levantaram-se, desceram ao Egito e se apresentaram perante José.
16 Vendo José a Benjamim com eles, disse ao despenseiro de sua casa: leva estes homens para casa, mata reses, e prepara tudo: pois estes homens comerão comigo ao meio-dia.
17 Fez ele como José lhe ordenara, e levou os homens para a casa de José.
18 Os homens tiveram medo, porque foram levados à casa de José; e diziam: É por causa do dinheiro que da outra vez voltou em nossos sacos, para nos acusar e arremeter contra nós, escravizar-nos e tomar nossos jumentos.

19 E se chegaram ao mordomo da casa de José e lhe falaram à porta,
20 e disseram: Ai! Senhor meu, já uma vez descemos a comprar mantimento;
21 quando chegamos ao acampamento, abrindo os nossos sacos, eis que o dinheiro de cada um estava na boca do saco, nosso dinheiro intacto; tornamos a trazê-lo conosco.
22 Trouxemos também outro dinheiro conosco, para comprar mantimento; não sabemos quem tenha posto o nosso dinheiro nos nossos sacos.
23 Ele disse: Paz seja convosco, não temais; o vosso Deus, e o Deus de vosso pai, vos deu tesouro nos vossos sacos; o vosso dinheiro me chegou a mim. E lhes trouxe fora a Simeão.
24 Depois levou o mordomo aqueles homens à casa de José, e lhes deu água, e eles lavaram os pés; também deu ração aos seus jumentos.
25 Então prepararam o presente, para quando José viesse ao meio-dia; pois ouviram que ali haviam de comer.

26 Chegando José a casa, trouxeram-lhe para dentro o presente que tinham em mãos; e prostraram-se perante ele até à terra.

27 Ele lhes perguntou pelo seu bem-estar, e disse: Vosso pai, o ancião, de quem me falastes, vai bem? Ainda vive?

28 Responderam: Vai bem o teu servo, nosso pai vive ainda; e abaixaram a cabeça, e prostraram-se.

29 Levantando José os olhos viu a Benjamim, seu irmão, filho de sua mãe, e disse: É este o vosso irmão mais novo de quem me falastes? E acrescentou: Deus te conceda graça, meu filho.

30 José se apressou, e procurou onde chorar, porque se movera no seu íntimo, para com seu irmão; entrou na câmara, e chorou ali.

31 Depois lavou o rosto, e saiu; conteve-se, e disse: Servi a refeição.

32 Serviram-lhe a ele à parte, e a eles também à parte, e à parte aos egípcios que comiam com ele; porque aos egípcios não lhes

era lícito comer pão com os hebreus, porquanto é isso abominação para os egípcios.
33 E assentaram-se diante dele, o primogênito segundo a sua primogenitura, e o mais novo segundo a sua menoridade; disto os homens se maravilhavam entre si.
34 Então lhes apresentou as porções que estavam diante dele; a porção de Benjamim era cinco vezes mais do que a de qualquer deles. E eles beberam, e se regalaram com ele.

Estratagema de José para deter seus irmãos

44 Deu José esta ordem ao mordomo de sua casa: Enche de mantimento os sacos destes homens, quanto puderem levar, e põe o dinheiro de cada um na boca do saco.
2 O meu copo de prata pô-lo-ás na boca do saco do mais novo, com o dinheiro do seu cereal. E assim se fez, segundo José dissera.

3 De manhã, quando já claro, despediram-se estes homens, eles com os seus jumentos.
4 Tendo saído eles da cidade, não se havendo ainda distanciado, disse José ao mordomo de sua casa: Levanta-te, e segue após esses homens; e, alcançando-os, lhes dirás: Por que pagastes mal por bem?
5 Não é este o copo em que bebe meu senhor? E por meio do qual faz as suas adivinhações? Procedestes mal no que fizestes.
6 E alcançou-os, e lhes falou essas palavras.
7 Então lhe responderam: Por que diz meu senhor tais palavras? Longe estejam teus servos de praticar semelhante cousa.
8 O dinheiro que achamos na boca de nossos sacos, tornamos a trazer-te desde a terra de Canaã; como, pois, furtaríamos da casa do teu senhor prata ou ouro?
9 Aquele dos teus servos, com quem for achado, morra; e nós ainda seremos escravos do meu senhor.
10 Então lhes respondeu: Seja conforme as vossas palavras; aquele com quem se achar

será meu escravo, porém vós sereis inculpados.

11 E se apressaram e, tendo cada um posto o seu saco em terra, o abriu.

12 O mordomo os examinou, começando do mais velho e acabando no mais novo; e achou-se o copo no saco de Benjamim.

13 Então rasgaram as suas vestes e, carregados de novo os jumentos, tornaram à cidade.

A defesa de Judá

14 E chegou Judá com seus irmãos à casa de José; este ainda estava ali; e prostraram-se em terra diante dele.

15 Disse-lhes José: Que é isso que fizestes? Não sabíeis vós que tal homem como eu é capaz de adivinhar?

16 Então disse Judá: Que responderemos a meu senhor? que falaremos? e como nos justificaremos? Achou Deus a iniqüidade de teus servos; eis que somos escravos de meu senhor, tanto nós como aquele em cuja mão se achou o copo.

17 Mas ele disse: Longe de mim que eu tal faça; o homem em cuja mão foi achado o copo, esse será meu servo; vós, no entanto, subi em paz para vosso pai.

18 Então Judá se aproximou dele, e disse: Ah! senhor meu, rogo-te, permite que teu servo diga uma palavra aos ouvidos de meu senhor, e não se acenda a tua ira contra o teu servo; porque tu és como o próprio Faraó.

19 Meu senhor perguntou a seus servos: Tendes pai, ou irmão?

20 E respondemos a meu senhor: Temos pai já velho e um filho da sua velhice, o mais novo, cujo irmão é morto; e só ele ficou de sua mãe, e seu pai o ama.

21 Então disseste a teus servos: Trazei-mo, para que ponha os olhos sobre ele.

22 Respondemos ao meu senhor: O moço não pode deixar o pai; se deixar o pai, este morrerá.

23 Então disseste a teus servos: Se vosso irmão mais novo não descer convosco, nunca mais me vereis o rosto.

24 Tendo nós subido a teu servo, meu pai, e a ele repetido as palavras de meu senhor,

25 disse nosso pai: Voltai, comprai-nos um pouco de mantimento.

26 Nós respondemos: Não podemos descer; mas se nosso irmão mais moço for conosco, desceremos; pois não podemos ver a face do homem, se este nosso irmão mais moço não estiver conosco.

27 Então nos disse teu servo, nosso pai: Sabeis que minha mulher me deu dois filhos;

28 um se ausentou de mim, e eu disse: Certamente foi despedaçado, e até agora não mais o vi;

29 Se agora também tirardes este da minha presença, e lhe acontecer algum desastre, fareis descer as minhas cãs com pesar à sepultura.

30 Agora, pois, indo eu a teu servo, meu pai, e não indo o moço conosco, visto a sua alma estar ligada com a alma dele,

31 Vendo ele que o moço não está conosco, morrerá; e teus servos farão descer as cãs de teu servo, nosso pai, com tristeza à sepultura.

32 Porque teu servo se deu por fiador por este moço para com meu pai, dizendo: Se eu o não tornar a trazer-te, serei culpado para com meu pai todos os dias.

33 Agora, pois, fique teu servo em lugar do moço por servo de meu senhor, e o moço que suba com seus irmãos.

34 Por que, como subirei eu a meu pai, se o moço não for comigo? para que não veja eu o mal que a meu pai sobrevirá.

José dá-se a conhecer a seus irmãos

45 Então José, não se podendo conter diante de todos os que estavam com ele, bradou: Fazei sair a todos da minha presença; e ninguém ficou com ele, quando José se deu a conhecer a seus irmãos.

2 E levantou a voz em choro, de maneira que os egípcios o ouviam, e também a casa de Faraó.
3 E disse a seus irmãos: Eu sou José; vive ainda meu pai? E seus irmãos não lhe puderam responder, porque ficaram atemorizados perante ele.
4 Disse José a seus irmãos: Agora, chegai-vos a mim. E chegaram-se. Então disse: Eu sou José, vosso irmão, a quem vendestes para o Egito.
5 Agora, pois, não vos entristeçais, nem vos irriteis contra vós mesmos por me haverdes vendido para aqui; porque para conservação da vida, Deus me enviou adiante de vós.
6 Porque já houve dois anos de fome na terra, e ainda restam cinco anos em que não haverá lavoura nem colheita.
7 Deus me enviou adiante de vós, para conservar vossa sucessão na terra, e para vos preservar a vida por um grande livramento.
8 Assim não fostes vós que me enviastes para cá e, sim, Deus, que me pôs por pai de

Faraó, e senhor de toda a sua casa, e como governador em toda a terra do Egito.

9 Apressai-vos, subi a meu pai, e dizei-lhe: Assim manda dizer teu filho José: Deus me pôs por senhor em toda a terra do Egito; desce a mim, não te demores.

10 Habitarás na terra de Gósen, e estarás perto de mim, tu, teus filhos, os filhos de teus filhos, os teus rebanhos, o teu gado, e tudo quanto tens.

11 Aí te sustentarei, porque ainda haverá cinco anos de fome; para que não te empobreças, tu e tua casa, e tudo o que tens.

12 Eis que vedes por vós mesmos, e meu irmão Benjamim vê também, que sou eu mesmo quem vos fala.

13 Anunciai a meu pai toda a minha glória no Egito, e tudo o que tendes visto; apressai-vos, e fazei descer meu pai para aqui.

14 E, lançando-se ao pescoço de Benjamim, seu irmão, chorou; e, abraçado com ele, chorou também Benjamim.

15 José beijou a todos os seus irmãos, e chorou sobre eles; depois seus irmãos falaram com ele.

Faraó ouve falar dos irmãos de José

16 Fez-se ouvir na casa de Faraó esta notícia: São vindos os irmãos de José; e isto foi agradável a Faraó, e a seus oficiais.

17 Disse Faraó a José: Dize a teus irmãos: Fazei isto: carregai os vossos animais, e parti; tornai à terra de Canaã,

18 tomai a vosso pai, e a vossas famílias, e vinde para mim; dar-vos-ei o melhor da terra do Egito, e comereis a fartura da terra.

19 Ordena-lhes também: Fazei isto: levai da terra do Egito carros para vossos filhinhos e para vossas mulheres, trazei vosso pai e vinde.

20 Não vos preocupeis com cousa alguma dos vossos haveres, porque o melhor de toda a terra do Egito será vosso.

21 E os filhos de Israel fizeram assim. José lhes deu carros, conforme o mandado de Faraó; também lhes deu provisão para o caminho.

22 A cada um de todos eles deu vestes festivais, mas a Benjamim deu trezentas moedas de prata, e cinco vestes festivais.

23 Também enviou a seu pai dez jumentos carregados do melhor do Egito, e dez jumentos carregados de cereais e pão, e provisão para o seu pai, para o caminho.

24 E despediu os seus irmãos. Ao partirem disse-lhes: Não contendais pelo caminho.

25 Então subiram do Egito, e vieram à terra de Canaã, a Jacó, seu pai,

26 E lhe disseram: José ainda vive, e é governador de toda a terra do Egito. Com isto o coração lhe ficou como sem palpitar, porque não lhes deu crédito.

27 Porém, havendo-lhe eles contado todas as palavras que José lhes falara, e vendo Jacó, seu pai, os carros que José enviara para levá-lo, reviveu-se-lhe o espírito.

28 E disse Israel: Basta; ainda vive meu filho José; irei e o verei antes que eu morra.

Jacó e toda a sua família descem para o Egito

46 Partiu, pois, Israel com tudo o que possuía, e veio a Berseba, e ofereceu sacrifícios ao Deus de seu pai Isaque.
2 Falou Deus a Israel em visões de noite, e disse: Jacó, Jacó! Ele respondeu: Eis-me aqui.
3 Então disse: Eu sou Deus, o Deus de teu pai; não temas descer para o Egito, porque lá eu farei de ti uma grande nação.
4 Eu descerei contigo para o Egito, e te farei tornar a subir, certamente. A mão de José fechará os teus olhos.
5 Então se levantou Jacó de Berseba; e os filhos de Israel levaram seu pai Jacó, e seus filhinhos, e as suas mulheres, nos carros que Faraó enviara para o levar.

6 Tomaram o seu gado e os bens que haviam adquirido na terra de Canaã, e vieram para o Egito, Jacó e toda a sua descendência.
7 Seus filhos, e os filhos de seus filhos, suas filhas e as filhas de seus filhos e toda a sua descendência, levou-os consigo para o Egito.
8 São estes os nomes dos filhos de Israel, Jacó e seus filhos, que vieram para o Egito: Rúben, o primogênito de Jacó.
9 Os filhos de Rúben: Enoque, Paiu, Hezrom e Carmi.
10 Os filhos de Simeão: Jemuel, Jamim, Oade, Jaquim, Zoar e Saul, filho de uma mulher cananéia.
11 Os filhos de Levi: Gérson, Coate e Merari.
12 Os filhos de Judá: Er, Onã, Selá, Perez e Zera; Er e Onã, porém, morreram na terra de Canaã. Os filhos de Perez foram: Hezrom e Hamul.
13 Os filhos de Issacar: Tola, Puva, Jó e Sinrom.
14 Os filhos de Zebulom: Serede, Elom e Jareel.

15 São estes os filhos de Lia, que ela deu à luz a Jacó em Padã-Arã, além de Dina, sua filha; todas as pessoas de seus filhos e de suas filhas trinta e três.

16 Os filhos de Gade: Zifiom, Hagi, Suni, Esbom, Eri, Arodi e Areli.

17 Os filhos de Aser: Imna, Isvá, Isvi, Berias e Sera, irmã deles; e os filhos de Berias: Héber e Malquiel.

18 São estes os filhos de Zilpa, a qual Labão deu a sua filha Lia; e estes deu ela à luz a Jacó, a saber dezesseis pessoas.

19 Os filhos de Raquel, mulher de Jacó: José e Benjamim.

20 Nasceram a José na terra do Egito Manassés e Efraim, que lhe deu à luz Azenate, filha de Potífera, sacerdote de Om.

21 Os filhos de Benjamim: Bela, Bequer, Asbei, Gera, Naamã, Eí, Rôs, Mupim, Hupim e Arde.

22 São estes os filhos de Raquel, que nasceram a Jacó, ao todo catorze pessoas.

23 O filho de Dã: Husim.

24 Os filhos de Naftali: Jazeel, Guni, Jezer e Silém.
25 São estes os filhos de Bila, a qual Labão deu a sua filha Raquel: e estes deu ela à luz a Jacó: ao todo sete pessoas.
26 Todos os que vieram com Jacó para o Egito, que eram seus descendentes, fora as mulheres dos filhos de Jacó, todos eram sessenta e seis pessoas;
27 e os filhos de José, que lhe nasceram no Egito, eram dois. Todas as pessoas da casa de Jacó, que vieram para o Egito, foram setenta.

O encontro de José com seu pai

28 Jacó enviou Judá adiante de si a José para que soubesse encaminhá-lo a Gósen; e chegaram à terra de Gósen.
29 Então José aprontou o seu carro, e subiu ao encontro de Israel, seu pai, a Gósen. Apresentou-se, lançou-se-lhe ao pescoço, e chorou assim longo tempo.

30 Disse Israel a José: Já posso morrer, pois já vi o teu rosto, e ainda vives.
31 E José disse a seus irmãos, e à casa de seu pai: Subirei, e farei saber a Faraó, e lhe direi: Meus irmãos, e a casa de meu pai, que estavam na terra de Canaã, vieram para mim.
32 Os homens são pastores, são homens de gado, e trouxeram consigo o seu rebanho e o seu gado, e tudo o que têm.
33 Quando, pois, Faraó vos chamar, e disser: Qual é o vosso trabalho?
34 Respondereis: Teus servos foram homens de gado desde a mocidade até agora, tanto nós como nossos pais; para que habiteis na terra de Gósen, porque todo pastor de rebanho é abominação para os egípcios.

Israel é apresentado a Faraó

47 Então veio José, e disse a Faraó: Meu pai e meus irmãos, com os seus rebanhos e o seu gado, com tudo o que têm, chegaram da terra de Canaã; e eis que estão na terra de Gósen.

2 E tomou cinco dos seus irmãos e os apresentou a Faraó.

3 Então perguntou Faraó aos irmãos de José: Qual é o vosso trabalho? Eles responderam: Os teus servos somos pastores de rebanho, assim nós como nossos pais.

4 Disseram mais a Faraó: Viemos para habitar nesta terra; porque não há pasto para o rebanho de teus servos, pois a fome é severa na terra de Canaã; agora, pois, te rogamos permitas habitem os teus servos na terra de Gósen.

5 Então disse Faraó a José: Teu pai e teus irmãos vieram a ti.

6 A terra do Egito está perante ti: no melhor da terra faze habitar teu pai e teus irmãos; habitem na terra de Gósen. Se sabes haver entre eles homens capazes, põe-nos por chefes do gado que me pertence.

7 Trouxe José a Jacó, seu pai, e o apresentou a Faraó, e Jacó abençoou a Faraó.

8 Perguntou Faraó a Jacó: Quantos são os dias dos anos de tua vida?

9 Jacó lhe respondeu: Os dias dos anos das minhas peregrinações são cento e trinta anos: poucos e maus foram os dias da minha vida, e não chegaram aos dias dos anos da vida de meus pais nos dias das suas peregrinações.

10 E, tendo Jacó abençoado a Faraó, saiu de sua presença.

11 Então José estabeleceu a seu pai e a seus irmãos, e lhes deu possessão na terra do Egito, no melhor da terra, na terra de Ramessés, como Faraó ordenara.

12 E José sustentou de pão a seu pai, a seus irmãos e a toda casa de seu pai, segundo o número de seus filhos.

José compra toda a terra do Egito para Faraó

13 Não havia pão em toda terra, porque a fome era mui severa; de maneira que desfalecia o povo do Egito e o povo de Canaã por causa da fome.

14 Então José arrecadou todo o dinheiro que se achou na terra do Egito e na terra de Canaã, pelo cereal que compravam, e o recolheu à casa de Faraó.

15 Tendo-se acabado, pois, o dinheiro, na terra do Egito e na terra de Canaã, foram todos os egípcios a José e disseram: Dá-nos pão; por que haveremos de morrer em tua presença? porquanto o dinheiro nos falta.

16 Respondeu José: Se vos falta o dinheiro, trazei o vosso gado; em troca de vosso gado eu vos suprirei.

17 Então trouxeram o seu gado a José; e José lhes deu pão em troca de cavalos, de rebanhos de gado e de jumentos; e os sustentou de pão aquele ano em troca do seu gado.

18 Findo aquele ano, foram a José no ano próximo, e lhe disseram: Não ocultaremos a meu senhor que se acabou totalmente o dinheiro; e meu senhor já possui os animais;

nada mais nos resta diante de meu senhor, senão o nosso corpo e a nossa terra.
19 Por que haveremos de perecer diante dos teus olhos, tanto nós como a nossa terra? Compra-nos a nós e a nossa terra a troco de pão, e nós e a nossa terra seremos escravos de Faraó; dá-nos semente para que vivamos e não morramos, e a terra não fique deserta.
20 Assim comprou José toda a terra do Egito para Faraó, porque os egípcios venderam cada um o seu campo, porquanto a fome era extrema sobre eles, e a terra passou a ser de Faraó.
21 Quanto ao povo ele o escravizou de uma a outra extremidade da terra do Egito.
22 Somente a terra dos sacerdotes não a comprou ele; pois os sacerdotes tinham porção de Faraó, e eles comiam a sua porção que Faraó lhes tinha dado; por isso não venderam a sua terra.
23 Então disse José ao povo: Eis que hoje vos comprei a vós outros e a vossa terra para Faraó; aí tendes sementes, semeai a terra.

24 Das colheitas dareis o quinto a Faraó, e as quatro partes serão vossas, para semente do campo, e para o vosso mantimento e dos que estão em vossas casas, e para que comam as vossas crianças.

25 Responderam eles: A vida nos tens dado! Achemos mercê perante meu senhor, e seremos escravos de Faraó.

26 E José estabeleceu por lei até ao dia de hoje que, na terra do Egito, tirasse Faraó o quinto; só a terra dos sacerdotes não ficou sendo de Faraó.

27 Assim habitou Israel na terra do Egito, na terra de Gósen; nela tomaram possessão, e foram fecundos, e muito se multiplicaram.

28 Jacó viveu na terra do Egito dezessete anos; de sorte que os dias de Jacó, os anos da sua vida, foram cento e quarenta e sete.

29 Aproximando-se, pois, o tempo da morte de Israel, chamou a José, seu filho, e lhe disse: Se agora achei mercê à tua presença, rogo-te que ponhas a mão debaixo da minha coxa, e uses comigo de benevolência e de verdade: rogo-te que me não enterres no Egito,

30 porém que eu jaza com meus pais: por isso me levarás do Egito, e me enterrarás no lugar da sepultura deles. Respondeu José: Farei segundo a tua palavra.

31 Então lhe disse Jacó: Jura-me. E ele jurou-lhe; e Israel se inclinou sobre a cabeceira da cama.

Jacó adoece

48 Passadas estas cousas, disseram a José: Teu pai está enfermo. Então José tomou consigo a seus dois filhos Manassés e Efraim.

2 E avisaram a Jacó: Eis que José, teu filho, vem ter contigo. Esforçou-se Israel e se assentou no leito.

3 Disse Jacó a José: o Deus Todo-poderoso me apareceu em Luz, na terra de Canaã, e me abençoou.

4 E me disse: Eis que te farei fecundo, e te multiplicarei, e te tornarei multidão de povos, e à tua descendência darei esta terra em possessão perpétua.

5 Agora, pois, os teus dois filhos, que te nasceram na terra do Egito, antes que eu viesse a ti no Egito, são meus: Efraim e Manassés serão meus, como Rúben e Simeão.

6 Mas a tua descendência, que gerarás depois deles, será tua; segundo o nome de um de seus irmãos serão chamados na sua herança.

7 Vindo, pois, eu de Padã, morreu, com pesar meu, Raquel na terra de Canaã, no caminho, havendo ainda pequena distância para chegar a Éfrata; sepultei-a ali no caminho de Éfrata, que é Belém.

8 Tendo Israel visto os filhos de José, disse: Quem são estes?

9 Respondeu José a seu pai: São meus filhos, que Deus me deu aqui. Faze-os chegar a mim, disse ele, para que eu os abençoe.

10 Os olhos de Israel já se tinham escurecido por causa da velhice, de modo que não podia ver bem. José, pois, fê-los chegar a ele; e ele os beijou e os abraçou.

Jacó abençoa José e os filhos deste

11 Então disse Israel a José: Eu não cuidara ver o teu rosto; e eis que Deus me fez ver os teus filhos também.
12 E José, tirando-os dentre os joelhos de seu pai, inclinou-se à terra diante da sua face.
13 Depois tomou José a ambos, a Efraim na sua mão direita, à esquerda de Israel, e a Manassés na sua esquerda, à direita de Israel, e fê-los chegar a ele.
14 Mas Israel estendeu a mão direita e a pôs sobre a cabeça de Efraim que era o mais novo, e a sua esquerda sobre a cabeça de Manassés, cruzando assim as mãos, não obstante ser Manassés o primogênito.
15 E abençoou a José, dizendo: O Deus, em cuja presença andaram meus pais Abraão e Isaque, o Deus que me sustentou durante a minha vida até este dia,

16 O Anjo que me tem livrado de todo mal, abençoe estes rapazes; seja neles chamado o meu nome, e o nome de meus pais Abraão e Isaque; e cresçam em multidão no meio da terra.

17 Vendo José que seu pai pusera a mão direita sobre a cabeça de Efraim, foi-lhe isto desagradável, e tomou a mão de seu pai para mudar da cabeça de Efraim para a cabeça de Manassés.

18 E disse José a seu pai: Não assim, meu pai, pois o primogênito é este; põe a tua mão direita sobre a cabeça dele.

19 Mas seu pai o recusou, e disse: Eu sei, meu filho, eu sei; ele também será um povo, também ele será grande; contudo o seu irmão menor será maior do que ele, e a sua descendência será uma multidão de nações.

20 Assim os abençoou naquele dia, declarando: Por vós Israel abençoará, dizendo: Deus te faça como a Efraim e como a Manassés. E pôs o nome de Efraim adiante do de Manassés.

21 Depois disse Israel a José: Eis que eu morro, mas Deus será convosco, e vos fará voltar à terra de vossos pais.

22 Dou-te a mais que a teus irmãos um declive montanhoso, o qual tomei da mão dos amorreus com a minha espada e com o meu arco.

Bênçãos proféticas de Jacó

49 Depois chamou Jacó a seus filhos, e disse: Ajuntai-vos, e eu vos farei saber o que vos há de acontecer nos dias vindouros;

2 ajuntai-vos, e ouvi, filhos de Jacó; ouvi a Israel vosso pai:

3 Rúben, tu és meu primogênito, minha força, e as primícias do meu vigor, o mais excelente em altivez, e o mais excelente em poder.

4 Impetuoso como a águia, não serás o mais excelente, porque subiste ao leito de teu pai, e o profanaste; subiste à minha cama.

5 Simeão e Levi são irmãos; as suas espadas são instrumentos de violência.
6 No seu conselho não entre minha alma, com o seu agrupamento minha glória não se ajunte; porque no seu furor mataram homens, e na sua vontade perversa jarretaram touros.
7 Maldito seja o seu furor, pois era forte, e sua ira, pois era dura; dividi-los-ei em Jacó, os espalharei em Israel.
8 Judá, teus irmãos te louvarão; a tua mão estará sobre a cerviz de teus inimigos; os filhos de teu pai se inclinarão a ti.
9 Judá é leãozinho, da presa subiste, filho meu. Encurva-se, e deita-se como leão, e como leoa; quem o despertará?
10 O cetro não se arredará de Judá, nem o bastão de entre seus pés, até que venha Siló; e a ele obedecerão os povos.
11 Ele amarrará o seu jumentinho à vide, e o filho da sua jumenta à videira mais excelente; lavará as suas vestes no vinho, e a sua capa em sangue de uvas.

12 Os seus olhos serão cintilantes de vinho, e os dentes brancos de leite.

13 Zebulom habitará na praia dos mares, e servirá de porto de navios, e o seu termo se estenderá até Sidom.

14 Issacar é jumento de fortes ossos, de repouso entre os rebanhos de ovelhas.

15 Viu que o repouso era bom, e que a terra era deliciosa; baixou os ombros à carga, e sujeitou-se ao trabalho servil.

16 Dã julgará o seu povo, como uma das tribos de Israel.

17 Dã será serpente junto ao caminho, uma víbora junto à vereda, que morde os talões do cavalo, e faz cair o seu cavaleiro por detrás.

18 A tua salvação espero, ó Senhor!

19 Gade, uma guerrilha o acometerá; mas ele a acometerá por sua retaguarda.

20 Aser, o seu pão será abundante, e ele motivará delícias reais.

21 Naftali é uma gazela solta; ele profere palavras formosas.

22 José é um ramo frutífero, ramo frutífero junto à fonte; seus galhos se estendem sobre o muro.

23 Os frecheiros lhe dão amargura, atiram contra ele e o aborrecem.

24 O seu arco, porém, permanece firme, e os seus braços são feitos ativos pelas mãos do Poderoso de Jacó, sim, pelo Pastor e pela Pedra de Israel,

25 pelo Deus de teu pai, o qual te ajudará, e pelo Todo-poderoso, o qual te abençoará com bênçãos dos altos céus, com bênçãos das profundezas, com bênçãos dos seios e da madre.

26 As bênçãos de teu pai excederão as bênçãos de meus pais até ao cimo dos montes eternos: estejam elas sobre a cabeça de José, e sobre o alto da cabeça do que foi distinguido entre seus irmãos.

27 Benjamim é lobo que despedaça; pela manhã devora a presa, e à tarde reparte o despojo.

28 São estas as doze tribos de Israel; e isto é o que lhes falou seu pai quando os abençoou; a cada um deles abençoou segundo a bênção que lhe cabia.

29 Depois lhes ordenou, dizendo: Eu me reúno ao meu povo; sepultai-me com meus pais, na caverna que está no campo de Efrom, o heteu,

30 na caverna que está no campo de Macpela, fronteira a Manre, na terra de Canaã, a qual Abraão comprou de Efrom com aquele campo, em posse de sepultura.

31 Ali sepultaram a Abraão e a Sara, sua mulher; ali sepultaram a Isaque e a Rebeca; sua mulher; e ali sepultei a Lia:

32 o campo e a caverna que nele está, comprados aos filhos de Hete.

33 Tendo Jacó acabado de dar determinações a seus filhos, recolheu os pés na cama, e expirou, e foi reunido ao seu povo.

A lamentação por Jacó e o seu enterro

50 Então José se lançou sobre o rosto de seu pai, e chorou sobre ele, e o beijou.

2 Ordenou José a seus servos, aos que eram médicos, que embalsamassem a seu pai, e os médicos embalsamaram a Israel,

3 gastando nisso quarenta dias, pois assim se cumprem os dias do embalsamamento: e os egípcios o choraram setenta dias.

4 Passados os dias de o chorarem, falou José à casa de Faraó: Se agora achei mercê perante vós, rogo-vos que faleis aos ouvidos de Faraó, dizendo:

5 Meu pai me fez jurar, declarando: Eis que eu morro; no meu sepulcro que abri para mim na terra de Canaã, ali me sepultará. Agora, pois, desejo subir e sepultar meu pai, depois voltarei.

6 Respondeu Faraó: Sobe, e sepulta a teu pai como ele te fez jurar.

7 José subiu para sepultar a seu pai; e subiram com ele todos os oficiais de Faraó, os principais da sua casa, e todos os principais da terra do Egito,

8 como também toda a casa de José, e seus irmãos, e a casa de seu pai; somente deixaram na terra de Gósen as crianças, e os rebanhos, e o gado.

9 E subiram também com ele tanto carros como cavaleiros; e o cortejo foi grandíssimo.

10 Chegando eles, pois, à eira de Atade, que está além do Jordão, fizeram ali grande e intensa lamentação; e José pranteou seu pai durante sete dias.

11 Tendo visto os moradores da terra, os cananeus, o luto na eira de Atade, disseram: Grande pranto é este dos egípcios. E por isso se chamou aquele lugar de Abelmizraim, que está além do Jordão.

12 Fizeram-lhe seus filhos como lhes havia ordenado:

13 levaram-no para a terra de Canaã, e o sepultaram na caverna do campo de Macpela, que Abraão comprara com o campo, por posse de sepultura, a Efrom, o heteu, fronteiro a Manre.

14 Depois disso, voltou José para o Egito, ele, seus irmãos, e todos os que com ele subiram a sepultar seu pai.

A magnanimidade de José para com seus irmãos

15 Vendo os irmãos de José que seu pai já era morto, disseram: É o caso de José nos perseguir, e nos retribuir certamente o mal todo que lhe fizemos.
16 Portanto mandaram dizer a José: Teu pai ordenou, antes da sua morte, dizendo:
17 Assim direis a José: Perdoa, pois, a transgressão de teus irmãos, e o seu pecado, porque te fizeram mal; agora, pois, te rogamos que perdoes a transgressão dos servos do Deus de teu pai. José chorou enquanto lhe falavam.
18 Depois vieram também seus irmãos, prostraram-se diante dele, e disseram: Eis-nos aqui por teus servos.
19 Respondeu-lhes José: Não temais; acaso estou eu em lugar de Deus?
20 Vós, na verdade, intentastes o mal contra mim; porém Deus o tornou em bem, para fazer, como vedes agora, que se conserve muita gente em vida.

21 Não temais, pois; eu vos sustentarei a vós outros e a vossos filhos. Assim os consolou, e lhes falou ao coração.

A morte de José

22 José habitou no Egito, ele e a casa de seu pai; e viveu cento e dez anos.
23 Viu José os filhos de Efraim até à terceira geração; também os filhos de Maquir, filho de Manassés, os quais José tomou sobre seus joelhos.
24 Disse José a seus irmãos: Eu morro; porém Deus certamente vos visitará, e vos fará subir desta terra para a terra que jurou dar a Abraão, a Isaque e a Jacó.
25 José fez jurar os filhos de Israel, dizendo: Certamente Deus vos visitará, e fareis transportar os meus ossos daqui.
26 Morreu José da idade de cento e dez anos; embalsamaram-no, e o puseram num caixão no Egito.

Para receber catálogos, lista de preços
e outras informações escreva para:

MADRAS®
Editora

Rua Paulo Gonçalves, 88 — Santana
02403-020 — São Paulo — S.P.
Tel.: (011) 6959.1127 — Fax: (011) 6959.3090
http://www.madras.com.br